Pour une planète équitable : L’urgence d’une justice globale

格差削減をあきらめない

世界正義の時代

マリー・ドゥリュ＝ベラ

訳――林昌宏

解題――井上彰

吉田書店

Marie Duru-Bellat

POUR UNE PLANÈTE ÉQUITABLE
L'urgence d'une justice globale

This book is published in Japan
by arrangement with Éditions du Seuil,
through le Bureau des Copyrights Français, Tokyo.

Cet ouvrage a bénéficié du soutien des Programmes d'aide à la publication de l'Institut français.
本書は、アンスティチュ・フランセ・パリ本部の出版助成プログラムの助成を受けています。

世界正義の時代——格差削減をあきらめない

目次

本文内における〔　〕は、訳者による補足である。

イントロダクション

格差が社会問題になっている。どの程度の格差があるのか。格差は広がっているのか。格差は正当化できるのか。格差を解消するための方法はあるのか。

ところで、われわれが語る格差は、ほとんどの場合が国内の格差についてだ。先進国と途上国との間には恐ろしいほどの格差があるのはわかっているが、私たちはそれを直視できない。植民地主義の遺物だとして、現在の国際貿易は不公正だと漠然と糾弾されている。そうした格差は許しがたいことだと考えられているのだ……。

人々は一人の子どもが虐待されて死んだという社会面の記事を目にするときには憤りを感じる一方で、世界では毎年五〇〇万人の子どもが餓死しているというニュースに接するときには、あまり関心を抱かないようだ。このような受け止め方の違いは驚きである。

本書の目的は二つある。一つは、世界規模のグローバルな公正を提唱すること。もう一つは、世界の社会的格差はエコロジー危機とつながりがあると示すことだ。

地球資源には限りがある以上、資源の分配、より広くいえば、資源の利用をめぐる紛争や相互依存の問題は避けて通れない。われわれはグローバルな環境問題（たとえば、気候変動）に直面している。今日、世界中の国々は、グローバリゼーションによって結びついている。そうしたなかで、金持ちの消費は、貧者の生活条件に直接的影響をおよぼしている。さらに、世界格差により、環境問題は悪化し続けている。たとえば、裕福な先進国は自分たちの公害を貧しい途上国に押し付けようとしているではないか。

現在の環境問題は世界正義という観点から生じている。ということは、世界レベルの格差を解消すれば、「環境正義」[1]を実現できるのだ。われわれの選択肢は、生存可能な世界を維持するために格差を解消するか、それとも現状維持に甘んじてこの小さな世界が生存できなくなるかである。

そうはいっても、自分たちの国に適用されている正義原理が、世界全体に浸透するかは定かではない。われわれの間で同じ地球で暮らしているという意識が強まり、国境という概念が曖昧になっているなかで、国境を倫理面の境界線と捉えるのは、ますます非常識かつ通用しない考えになってきた。

社会科学とエコロジーは、地球規模の格差解消の必要性を立証するための決め手となる実証的な論拠を提示する。その理由は二つある。一つには、地球規模の格差解消はわれわれ自身の利益になるからだ。つまり、あらゆる社会にとって、経済的繁栄と社会的まとまりの観点から、貧困と格差は有害なのだ。もう一つは、世界規模の貧困と格差は危険だからだ。つまり、われわれは同じ一つの地球を共有している以上、公正な分配は何かという、正しい世界に関する問題が必ず生じるのである。

社会問題やエコロジーに関するグローバルな見通しをもつ際に、学問分野の境界は、ある意味で障害になる。だが、エコロジーと社会科学との間には、架け橋ができあがりつつある。グローバリゼーションと格差との関係が探究されているのだ。エコロジーと哲学を一緒に考えようとする人々もいる。つまり、世界規模で、哲学はこれまで以上に正義を掲げるようになったのだ。英語圏の多くの哲学者は、再び「世界正義」に取り組むようになった。フランスではこうした論議に対する反響は、まだほとんどない。

学問分野の異なる分析を照合させなければならない。というのは、世界格差の状態や、世界格差に関する社会科学の実証的なリファレンスなしには、正義を哲学的に議論できないからだ。哲学的な見地から、先進国の政治責任、国際的な規制が途上国におよぼす影響、さらにはグローバリゼーションが各国に残す裁量余地を解明することも重要なのだ。同様に、哲学的議論がなければ、社会科学の研究には正義原則の一部しか考慮されないことになる。

したがって、政治論争の場で地球規模の格差の問題を取り上げ、エコロジー懸念と格差問題とのつながりを明白にするには、社会科学、哲学、エコロジーを結びつけなければならないのである。環境問題の最大の原因は社会的格差だという主張は、新しいものではない。それは一九八七年のブルントラント報告書に記されている。持続的発展という概念を広めたこの報告書は、現在、専門家の間では共通認識になっている。[2] しかし今日、この達成困難な目標の重要性は、これまでになく増している。端的にいえば、生存可能な世界を打ち立てることだ。

最大の関心事は、極貧、世界格差、環境破壊である。というのは、われわれは地球市民という立場にあるからだけでなく、偶然にも先進国で暮らしているからだ。だからこそ、私たちには地球格差ならびに迫り来るエコロジー危機に責任がある。現状否認は不可能であり、施しだけでは不十分だ。今こそ正義について話し合うべきだ。マーティン・ルーサー・キングは、一九六三年にバーミンガムの拘置所で次のように記している。「どこで不正が起ころうとも、それは世界のあらゆるところの正義にとって脅威だ[3]」。いつの日か、われわれは彼の信念を共有することになるだろう。

原注

（1）Catherine Larrère が用いた表現。« La justice environnementale », *Multitudes*, 1, n°36, 2009, p.156-162.

（2）AFD-IDDRI, *Réduire les inégalités : un enjeu de développement durable*, Paris, Armand Colin, 2013.

（3）Injustice anywhere is a threat to justice everywhere.

第一章

世界格差の根幹と広がり

世界格差がもたらす問題を検証する前に、世界格差の状況と推移をまとめ、そこから提起される説明を精査する必要がある。実際に、アマルティア・センが記すように「正義のあらゆる論理は、情報基盤を選択しなければならない。すなわち、社会を判断し、正義と不正義を計測するには、世界のどの側面に注視するのかを決めるということだ(1)」。

貧困の概念

世界に関する数値やイメージが競って報道される時代において、世界全体で社会階層の分裂が著しいのは見逃せない。冷戦後の二〇年間に餓死および貧困に直接関係する病気で亡くなった人数（およそ三億六〇〇〇万人）は、二〇世紀に起こったすべての紛争の犠牲者の数よりも多いと推測されている。今日、生活に必要なモノを購入できる最低限の所得である、世界銀行が定めた一日一・二五ドルの貧困線以下で暮らす人々は大勢いる。この尺度に従うと、極貧状態にある人口は、世界人口の五分の一をほんの少し上回る（二二％）。そのなかでも、南アジア（三六％）さらにはアフリカのサブサハラ地域（四八％）の割合が高い。一九八一年に五二％近くだったこの極貧率が減少したのは確かだ。しかし、この貧困線を二ドルに引き上げると、世界人口の半分近く（四七％）が貧困層になる。つまり、貧困比率は、ほんの少ししか減っていないのだ[2]。

もちろん、それらの数値は概算であり、貧困層を大幅に過小評価しているという批判もある。しかし、数値について激論を交わすよりも、貧困そのものの概念について考えてみるべきだ。具体的条件において自分たちの基本的欲求を満たせないのが貧困だという点で、われわれの見解は一致するだろう。すると、われわれは貧困に関する非常に相対的な定義を認めてしまうことになる。そうなれば、途上国よりも先進国のほうが自分たちの欲求を満たせない貧困が多いという結論を下してしまう。

しかしながら、世界中の人々に適用できる「絶対的指数」は存在する。その最たる例は平均寿命だ。シエラレオネやコンゴなどのアフリカ諸国では四八歳だが、日本では八三・四歳である[3]。したがって、生存の可能性および条件自体に著しい格差があるのであって、大きなばらつきのある所得分配は、貧困の原因の一端にすぎない。

つまり、金銭的な貧困だけでなく「生存の貧困」も重要なのだ。きわめて乏しい所得でも、食欲を満たし、慎ましい住環境を確保することは可能だ。たとえば、平均寿命という尺度に従えば、アメリカの黒人はコスタリカやスリランカの国民よりも恵まれない状況にある。所得が健康に影響をおよぼすのなら、医療制度や教育水準などの社会的要因も重要だ。よって、ある程度の金銭的所得があることと、実際の生活は別である（これはアマルティア・センの思想の真髄だ）。そうした考えから生まれたのが、彼の「潜在能力（ケイパビリティー）」という概念だ。考慮すべきは人々がどんな行動手段をもっているかであり、人々に実現可能な人生の選択肢があることなのだ。

こうした見地が国際機関の貧困の理解に影響をおよぼしたことは間違いない。たとえば、二〇一〇年以降、国連開発計画（UNDP）は人間貧困指数（乳幼児の死亡率や就学期間など）に含まれるリファレンスだけでなく、可処分所得以外にも、水資源、きちんとした食糧、基本的な生活要素へのアクセスなどのリファレンスを統合した「多次元貧困指数」を計算している。[4] すべてのリファレンスがマイナスで不利な生存条件が積み重なると、「絶対的貧困」状態に陥る。絶対的貧困からは正義の問題が必ず生じる。

重要なのは「客観的貧困」だけでなく「感じられる貧困（自分が貧しいと感じる事実）」を把握することだ。そうした主観的な側面は他者との比較、つまり、さまざまな人々に関する情報と密接に結びついている。この「感じられる貧困」に関する疑問は、世界レベルではほとんど考証されていない。すなわち、明かりをつけるにはスイッチを押すだけでよく、飲料水を得るには蛇口をひねればよいというような先進国のイメージについて、途上国の貧者がどう思うのかは、よくわからない。

そうはいっても、誰もがアメリカ人になりたいと思っているわけではないだろう。人間であれば欲求をもっているのは確かだが（不平等な分配であれば、不正とみなされるだろうが）、その答えはよくわからない。究極の窮乏がきわめて稀な先進国の「感じられる貧困」は、他者との比較や、そこから生じる妬みから生じる。だからこそ、最も一般的なリファレンスでは貧困の相対的アプローチが重視されるのだ。そこで所得の中位数を（五〇％あるいは六〇％）下回る所得層の割合が推定される。欲求と選好は同等のものとして提起されるため、相対的貧困では欠乏よりも社会的格差やそこから生じる不正義の感覚のほうが大きく評価される。

したがって、貧困を把握するための絶対的あるいは相対的な手法は、社会的および心理的にほとんど計測できない文脈にはめ込まれる。すると、（異議を唱える余地があまりない）極貧よりも相対的に捉えられる世界格差の場合では、不正義の概念そのものが相対的に不確かになる。

正義原理なしに、格差は計測できない

貧困とは何かを考えるのと同様に、格差の広がりを詳細に推定するには、正義について考慮しなければならない。一方では、何が重要なのかを見極め（人々が重要だと確信するのは、最も不正義だと思われる格差）、他方では、比較対象が正しいのかを明示しなければならない。この二重の調査（誰と何を比較するのか）を国際的に行なうのは、きわめて難しい。「何を比較するか」については、絶対的貧困線というリファレンスを保ちながらも、貧困の計測と格差の計測を結びつける必要がある。なぜなら、たとえ富裕層の所得が上昇し、格差の広がりが変わらなくても「絶対的貧困」の人口が減るのなら、人権の観点からは何らかの進歩があったことになるからだ。

相対的貧困の計測（つまり、格差の計測）には特殊な問題が生じる。すなわち、相対的貧困を世界レベルで推測するには、消費の個別構造に関するリファレンス（そこから透けて見える選好）とともに、世界の所得の中位数を基準とする位置づけが必要になる。この作業は、複雑であると同時に議論の余地がある。実際に人々の感覚にとって重要なのは、国家間の比

較から明らかになる著しい差異というよりも、自分が周囲の人々とどのような位置関係にあるか（感じられる貧困度）だろう。もしそうなら、相対的貧困および国内格差の指標だけを考慮するのが、最も適切なやり方かもしれない。

逆に、次のような主張もある（方法論を決定するのは、倫理的観点だという主張）。調査対象となる人の、偶然に（あるいは不運にも）生まれた国など考慮する理由はない。すなわち、人々は国境を越えたところで起きている出来事を知ることができるため、重要なのは地球レベルの格差だ、という主張だ。

本書では、これらの根底に横たわる哲学的対立には立ち入らないが、地球のすべての住民の境遇を比較しようという発想自体は斬新だ。というのは、植民地支配の時代には、植民地諸国を先進国と比較しようという発想はなかったからだ。同じ基準で世界を計測できなかったのである。同じリファレンス領域にすべての国を統合する統計の作成は、一九五〇年代に登場した。これが世界格差の概念である。

「誰と比較する」という問題は、世界銀行のエコノミストであるブランコ・ミラノヴィッチの実証的な取り組みが示すように、グローバルな格差自体の概念も問う[5]。彼は、各国の平均所得に関するデータと各国内の個人の所得に関するデータを組み合わせ（そして世帯の現地での購買力を考慮に入れ）、世界中の人々全員を所得階層別に分類した。この計算は格差を三つの形態に分類する。

（1）国家間の格差を分析単位にする（一国一票という考えに基づき、各国の人口規模は考慮に入れない）。国際的な格差。

（2）国の人口規模によって加重平均された国家間の格差。ただし、国民全員の所得はその国の平均とみなし、国内格差は考慮しない。

（3）世界市民間の格差（グローバルな格差）。国境は無視し、各自の所得「だけ」に基づく。倫理的な観点からは、これは人類全員に同等の価値を「無条件に」与えることになる。

こうしてミラノヴィッチは、それまで誰も思いつかなかった疑問に答えられるようになり、グローバルな正義の概念に一貫性を与えた。すなわち、人々が暮らす国とは無関係に、人々の可能性を比較できるようになり、また途上国の最も裕福な国民と先進国の最も貧しい国民は、どのような位置関係にあるのかを、具体的に観察できるようになったのである。

そこで明らかになったのは、国によっては、途上国の最も裕福な国民であっても、最も裕福な国の最も貧しい国民よりも、はるかに貧しい状態にあるということだ。ジンバブエとイギリス、カメルーンとドイツ、コンゴとベルギーなどが、そうした例だ。

ミラノヴィッチも、各国の所得分配を集成し、世界をたった一つの国として扱い、分析単位を世界市民として格差を推測した。その結果、世界規模のジニ係数[6]は、非常に高いことが明らかになった（〇・七〇）。これは世界で最も格差の大きい国よりも高い数値である（ブラジルや南アフリカのジニ係数は、〇・六〇近い）。具体的にいうと、世界の富裕層上位五％は世界の所得の何と三分の一も得ているのだ。

最後に、ミラノヴィッチのもう一つの視座として、個人の所得のかなりの部分（およそ六〇％）は、その人の偶然にも、あるいは不運にも生まれた国に依存しているという点だ。これにその人の社会的出自によって説明がつく二〇％が加わると、その人が得たものは、何よりもまず、出生時にその人に付与された「プレミアム（おまけ）」によるものであることが明らかになる（これは「バース・プレミアム」と呼ばれる）。その人の努力と才能が占める割合はきわめて小さい（せいぜい二〇％）。この割合は正義がきわめて重要であることも物語っている。

格差の推移に関する視点

それらすべての数値からは、現在の国家間の所得格差はかなり大きいことがわかる。国家間の格差は、これまでになく大きいのだ。というのは、(フランソワ・ブルギニョンなどの経済学者も同様の結論を下しているように)[7] ミラノヴィッチの歴史的検証からは、次のようなパラドックスが浮かび上がってくるからだ。すなわち、一九世紀では、その人の所得は、その人が暮らす国よりも、その人の属する社会集団に依存していた。だが二〇世紀では、社会集団よりも国のほうが重要になったのである。今日では、国家間のそのような格差こそが世界格差の主因になっている。

経済学者たちは相変わらず、こうした世界格差の推移について、さまざまな結論を下している。用いられる手法によって変化する彼らの結論には、倫理的意味が内包されていることもある。絶対的および相対的な隔たりを計測してみると、国家間の絶対的な隔たりは拡大している一方で、相対的な隔たりは縮小している。よって、導かれる結論は大きく異なる。おもにアフリカ諸国など二十数カ国が相変わらずこの収斂プロセスの蚊帳の外にある状態だとしても、相対的な隔たりに敏感な経済学者にとって、途上国の追いつく過程は目覚ましい。

楽観的ともいえるこうした見解は、人口規模によって加重平均した国の状況を観察することによっても得られる。この観察をベースにブルギニョンなどの一部の経済学者は、世界格差は縮小したと結論づけている。というのは、中国とインドという二つの人口大国は、生活水準の点で急速に追いついてきたからだ。ところが、中国とインドを除外すると、世界格差が縮小したかどうかは、あまりはっきりしない。地球で暮らす個人間の格差、つまり、本来の意味でのグローバルな格差も同様だ。この格差は、国家間の格差と各国内の格差を同時に考慮しているので、正義という観点から最も信頼性が高い。要するに、格差は著しく拡大したとも、著しく減少したともいえないのである。

今日、世界各地では多様な推移がみられる。大部分の国（とくに中国やインドなどの人口大国）の国内格差は広がっているが、国家間の格差はあまり縮小していない。その最大の理由の一つは、最貧国のなかには経済の低迷状態から抜け出せなかった国もあるからだ。同時に、人口大国の状況が劇的に改善したため、国内格差を無視すれば、世界格差は縮小したと結論づけることができるからだ。そうした結論には、当然ながら異論をはさむ余地がある。というのは、「平均的中国人」あるいは「平均的インド人」という概念は、かなり疑わしいからだ。

いずれにしても、世界で最も貧しいアフリカのサブサハラ地域の人口状況が、絶対数において極貧層の減少傾向にブレーキをかけているとしても、中国とインドという人口大国の人々が豊かになってきたため、極貧層の割合は減少した。グローバリゼーションがそうした世界格差におよぼした影響を評価する際には、このような対照的な観点が浮かび上がってくる。

グローバリゼーションの役割

正義を考える際に、なぜこれほど大きな格差や貧困があるのかを問うのは重要だ。その理由は、（格差や貧困の討論に限らず）討論には責任の所在に関する疑問がついてまわるからだ。とくに、グローバリゼーションが格差の推移にどのような影響をおよぼしたかについては、さまざまな見方がある。まず、国内レベルの格差の推移（一般的に格差は拡大）と、国の人口規模を考慮するときのグローバルなレベルの格差の推移（格差は縮小）を切り分ける必要がある。

フランソワ・ブルギニョン〔世界銀行チーフエコノミスト（二〇〇三〜〇七年）〕は、「加速的に拡大する国内格差は、いずれ国家間の格差よりも懸念されるようになる」[8]と記している。経済学者たちは、自分たちの分析は主観的なものではないと主張するが、ブルギニョンは、国家間の格差よりも国内格差に関心があるようだ。なぜなら、前者よりも後者のほうが目につくようになってきたからだという。つまり、彼は、世界で起こっていることよりも自分の身近で起こっていることのほうにより強い関心があるのだ。これは彼の個人的見解だろう。彼の観点は、われわれは国内で暮らしているという事実に基づいている。つまり、われわれは国内の出来事から最も大きな影響を受けるのだ。

先進国の所得格差を拡大させたのは、グローバリゼーションそのものというよりも、資本利回りの上昇、超高額報酬（その一方で、課税負担は減った）、労働市場の規制緩和、非熟練労働者を直撃する脱産業化社会など、むしろグローバリゼーションにともなう進展の結果である。一方、途上国が農業だけの経済から多様化した経済へと移行する際には、経済発展と所得格差の拡大との間に相関関係があるのは間違いない。

いずれにせよ、いわゆる市場開放（つまり、グローバリゼーション自体）よりも、グローバリゼーションをともなう近代化と経済活動の再構築こそが貧困の原因だろう。自国市場を開放した国の推移からわかるのは、中国やインドの国内格差は大きく拡大した一方で、韓国の国内格差はそれほど拡大しなかったことだ。今日、拡大する傾向にある国内格差の背景にあるのがグローバリゼーションだとすれば、とくに一九八〇年代以降に発展した（労働市場の規制緩和と金融の自由化にともなう）自由主義的な財政政策に対して、具体的な政策を実施しなければならないだろう。

国家間の格差に関する従来の説に従えば、貿易、資本や労働力の流通、そして技術革新の普及により、格差は次第に解消されるはずだ。だからこそブルギニョンはグローバリゼーションの効用を説いたのだ。すなわち、グローバリゼーションによって市場へのアクセスを確保する途上国は、先進国のテクノロジーを利用できるようになって遅れを取り戻す、というわけだ。

こうした観点において象徴的なのは、一部のアジア諸国の経済復興だ。それらのアジア諸国は、低賃金の非熟練労働者を大量に動員して国際競争のプレーヤーの仲間入りを果たした。このようにしてアジア諸国では、労働者は農業部門から輸出向けの製造業部門にシフトした。国際金融市場への同化をともなうそうした輸出拡大は、経済発展の強力な要因だったと考えられている。

一方、ジョセフ・スティグリッツなどの経済学者だけでなく、フランシーヌ・メストラムとトーマス・ポッゲなどの哲学者も、グローバリゼーションによって国家間の格差は抑制されたというよりも拡大したと主張している。彼らは、国家間の平均所得の相対的な格差ではなく、絶対的な格差に注目する。絶対的な所得格差は、相対的な所得格差が変わらなくても好況期には広がる。[9] ここでもまた、どのような分析手法を選択するかは、暗黙のうちに、どのような規範を選好するかによる。すなわち、グローバリゼーションを擁護する者たちは相対的な計量に注目し、反グローバリゼーションを唱える者たちは、絶対的な隔たりに注目するのだ。

開発経済のこれまでの思潮[10]は後者の観点に立ち、「交易条件の長期的悪化（プレビッシュ・シンガー命題）」を主張してきた。すなわち、途上国の輸出製品価格は、先進国の製品に対して安い傾向にあり、こうした競争において犠牲になるのは最も貧しい者たちだ、という考えである。国連食糧農業機関（FAO）は、アフリカ諸国の貧困の原因は、とくにこの現象にあると繰り返し報告している。歴史的な分析からは、先進国は金融とエコロジー面に関して途上国に恩義があるとも指摘されている（植民地主義が遺した影響）。

市場と政治の狭間にあるグローバリゼーション

グローバリゼーションによって国家間の格差が拡大したのは、世界レベルの市場機能が原因だという見解には誰もが納得する。とくに、世界貿易機関（ＷＴＯ）に対する批判の声をしばしば耳にする。自由貿易推進者の堂々とした雄弁にもかかわらず、加盟国が世界貿易機関の枠組みで規定するルールにより、先進国は、関税の設定や自国製品に対する補助金の支給によって自国市場を保護できる。実際に、こうした保護主義によって、先進国市場への途上国のアクセスは制限され、おもに農業および繊維部門の輸出は妨げられている。

たとえば、アメリカが自国の綿花産業へ補助金を支給しなければ、アメリカの綿花価格は世界の相場価格の二・五倍になるため、アフリカの綿花産業の収支はバランスするという。貿易の自由化はきわめて非対称的であり、世界銀行の推定では、産業が発達した国の保護関税により、途上国には、少なくとも年間一〇〇〇億ドルの負担が発生している。ちなみに、この金額は公的な開発支援額に相当する。[11]

「市場」は、変調をきたすことがほとんどない抽象的なメカニズムとして紹介されるが、市場機能のルールをつくり出し、それらを押し付けるのは国や集団であり、それも自分たちの利益を考えてのことだ。医療などの分野では、市場が貧者に対して直接的な影響をもたらすことがある。先進国の製薬産業の例は示唆に富んでいる。製薬産業が製造する一部の薬品の特許を保護したため、途上国の人々は、それらの薬品の利用がこれまで以上に困難になった。ところが、途上国の人々がそれらの薬品を利用できなければ、彼らは命を落とすことにもなるのだ。一九九九年に、インドと南アフリカが自国の製薬会社に対し、アメリカの製薬会社に特許料を支払わずにエイズ治療薬のジェネリック薬品の製造を認可した際に、こうした問題が明るみに出た。

医療格差の場合、ビジネス、倫理、グローバリゼーションなど、さまざまな側面が白日の下にさらされる。医療へのアクセスは基本的人権であり、医療格差は、地理や気候などの偶然だけでなく、途上国の貧しさの程度に依存する。同時に、それはグローバルな問題なのだ。というのは、途上国の状況に何らかの責任があるわれわれ先進国には、緊急を要する医療問題を解決する手段がしばしばあり、また、地理的に遠い場所で起こった疫病であっても、自分たちにも影響がおよぶかもしれないからだ（伝染病から逃れるために移民が発生するなど〔現在のアフリカ諸国におけるエボラ出血熱の流行〕）。医療格差には、人権、そして先進国の責任や相互依存の問題など、グローバルな正義に関するあらゆる要素が詰まっている。

金融市場の自由化やそれにともなう資本の自由化の衝撃から、グローバリゼーションはさまざまな影響を引き起こしている。資本の自由化により、金融市場は乱高下するため、一部の国への投資は控えられる。さらに、国際通貨基金（ＩＭＦ）と世界銀行の政策も考慮に入れなければならない。ＩＭＦの構造調整プログラムの特徴は、高金利政策、無秩序な民営化、歳出の大幅カット推進など、強迫観念にとらわれたインフレ懸念である。多くの経済学者によると、そうした構造調整プログラムによって、雇用創出にブレーキがかかり、失業と貧困が生み出されたという。最も脆弱な人々にとって、緊縮財政の負の影響を緩和するはずの歳出が削減されたために、事態はさらに悪化した[12]。

一つ確かなことがある。それは巨大産業グループの戦略のように、国際機関の政策によって結果的に途上国の世界市場への参入障壁が高まったことだ。衛生や環境の面だけでなく、現在では社会や政治の面などのさまざまな規格や基準によって、途上国の世界市場への参入は制限されている。

そうはいっても、環境保護や現地労働者の権利擁護など、国際機関の言い分はもっともである。貿易取引や知的所有権に関する議論は尽きることがない。ここでもまた、ビジネスと倫理の双方に関する疑問が生じる。イノベイターを優遇すべきなのだろうか。つまり、ブランドと特許を保護すべきなのか。それとも、イノベーションから利益を得る利用者を保護すべきなのだろうか、という疑問だ。科学研究やイノベーションを必要とする医療や農産物加工業などの分野では、莫大な開発資金が必要であるため、製品は途上国の人々にとっては高すぎ、支払い能力のある顧客だけのものになってしまう。

しかしながら、グローバリゼーションは機械的、体系的、一義的な影響だけをもたらすわけではない。グローバリゼーションは国際犯罪ネットワークを拡充し、疫病を広める一方で、医学の進歩と民主的価値を拡散する。さらに、経済に限っていえばグローバリゼーションの影響は、国の政策に則して調整される。たとえば、グローバリゼーションを推進したアジア諸国は、「ワシントン・コンセンサス」の推奨に反し、国に重要な役割をもたせ、独自の教育政策と産業政策を打ち出しながら市場開放を実施した。したがって、グローバリゼーションにより、国内政策の影響力がすべて取り除かれるわけではない。国内政策は、国内相場を制御することによって国の利益を確保する。

アジア諸国とは対照的に、（国際機関や世界市場の成り行きによって）積極的に対抗する手段のない国にグローバリゼーションが押し付けられる場合、それは悪影響をおよぼす。要するに、「グローバリゼーションの領域ほど、政策が市場の力関係を決定するところはない[13]」とジョセフ・スティグリッツが指摘するように、グローバリゼーションは、きわめて人為的な仕組みなのだ。

世界的にみて、貧困状態と世界格差が地理的特徴を含むその国の比較優位などの地域的要因と、（とくにグローバリゼーションの「反対者」が考える）国際的な要因に依存しているのは確かだ。トーマス・ポッゲをはじめとするグローバリゼーションに反対する哲学者たちは、「貧者を害するのは世界秩序だ」と断言している。[14] 国際機関や銀行をはじめとする大企業は、国境を無視した活動や政策を実施している。結局のところ、彼らは貧者を貶めているのだ。たとえば、一部のフランスの大手銀行の投機行為により、農産物の一次産品市場は高騰し、途上国の貧者は大きな損害を被っている。

要するに、世界の貧困における地域的および国際的な要因の割合についてはさまざまな意見があるものの、先進国に世界格差の責任はないと主張する専門家は、ほとんどいないのである……。

有限な世界での相互依存

今日、国家間に強い相互依存関係があることに異議を唱える者はいないだろう。自国の力だけでは豊かになれず、ある国の決定が他国の出来事に影響をおよぼすケースは数多くある。たとえば、中国は世界市場に頭角を現すために、自国の物価と賃金にある決定を下した。この決定は、中国のライバル国の行動に大きな影響をおよぼした。こうしたことは税制にもいえる。グローバル化した世界では、国家同士の租税競争が起こる。これは、資本や巨額資産を自国に引き寄せる、あるいは引き止めようとする競争である。マネーは税率が最も低いところに移動するのだ。ある国の税制は他国の税制に影響をおよぼすようになり、「財政的外部性」が生じる。また、タックス・ヘイヴンに富が集まるため、国家間の格差は著しく拡大する。そうなると国が正義を行使する可能性さえ、世界の状況に左右されてしまう。このとき、国内では正しいとみなされていたことが、われわれの価値観に反し、国外では糾弾される事態が生じる。グローバリゼーションにより、それまで国境によって仕切られていた価値観は（国境の内外で）混乱するかもしれないのだ。

しかしながら、そうした相互依存の強まりとお互いの責任は、格差の場合とまったく同様に、またしても研究者の方法論的な方針に暗黙の倫理的選択が入り込んでいるため、多様に評価される。「単純に」世界格差を推定するときでさえ、国の人口によって国の平均値を加重計算するのは、国を観念的存在としてではなく、国民自身を考慮するためである。これは方法論だけの問題ではなく、価値を表明する選択なのだ（人口の規模に関係なく一つの国として扱うのではなく、国民各自の生活の質を考慮すること）。このようにして、われわれは、帰属が偶然に決まる国という観念的存在についてではなく、「基盤になる」人間について論証することになる。

もう一つの選択は、絶対的な格差を推測するのか、あるいは相対的な格差を推測するかである。相対的な格差を推測する場合では、選好は普遍的であり、すべての欲求も当然のものであって無限に生じると仮定する。あるいはさらに、グローバリゼーションの影響を推測するために、さまざまな段階の「効果」にどのような加重計算を施すのかを選択する。経済成長は、格差や環境汚染の拡大よりも重要性が高いのだろうか。そして（アマルティア・センの中心思想である疑問を踏襲すると）「何が」経済成長または格差なのだろうか。というのは、経済学者やジャーナリストによって哲学的立場は異なるため（彼らはほとんど表に出さないが、無意識のうちに哲学的に異なる立場をとる）、さまざまな結論が下されるからだ〔倫理的および哲学的な立場に立脚しない社会科学は存在しないという意味〕。

したがって、実証的な問題提起を、グローバルな正義に関する考察に関連付ける必要がある。たとえば、貿易協定などの制度的取り決めは、多様な影響をおよぼすだろう。それらの取り決めを倫理的観点から評価および比較してみてはどうか。たとえば、天然資源に関する一部の貿易協定によって、独裁政権は経済発展を妨げ、貧困を蔓延させる資源開発を継続している。そのような貿易協定は、正義の名のもとに糾弾されるべきではないか。

しかし、説得力をもたせるには、倫理的懸念を「付け加える」だけでは不十分だ。問いただすべきは、経済的観点の基盤そのものだ。ところで今日、グローバルな秩序に対する批判や貧困を糾弾する声はいたるところから聞こえてくるが、競争力の強化や経済発展に向けた動きを批判する声は、ほとんど聞かれない[15]。その理由は、こうした強硬派の世界観では、経済発展はいずれ「上げ潮はすべての舟を持ち上げる[16]」という上げ潮派の結論にいたるからだ。この仮説は、とくに政治家の間で人気があるが、先ほど語ったように、その信憑性は事実によって否定されている。なぜなら、格差は経済発展によって解消されていないどころか、拡大さえしているからだ。

さらに、自由主義的で能力主義的なイデオロギーでは、機会平等が適度に確保されているのなら、格差があるのは当たり前とされている。この観点において重要なのは、経済的繁栄こそが究極目的であり続けるため、格差によって協力の可能性や経済的繁栄が阻害されることはないと考える点だ。そのうえ、またしても事実として確認されていないのだが、多くの自由主義者によると、とくに財政政策による格差解消は、経済成長、イノベーション、競争力を妨げる要因だという。したがって、格差を容認するのは、自由主義的なイデオロギーの核心でさえある。

ところが、グローバルなアプローチを採用するからには、すべての舟を持ち上げる上げ潮をイメージすることは不可能なのだ。世界経済を定和ゲームのように考えることはできないのである。もちろん、グローバリゼーションにより、世界は少しずつ均衡を取り戻しつつあるのではないかという推測があるのは事実だ（われわれの先進国の貧者は少し増え、「彼ら（途上国）」の貧者は減ったという楽天的な見解）。しかし、この総合評価は、とくに気候変動や環境破壊のコストなど、世界の有限性を考慮しない。

よって、グローバリゼーションおよびグローバルな格差に関する経済学的な観点と、エコロジーの観点を結びつけなければならない。原因となる経済学的なメカニズム、共同体と個人の責任、そしてエコロジーの影響など考えず、道徳的な憤慨だけで貧困と格差の危機を論じきることはできない。平均寿命が国家間（ＯＥＣＤ諸国と低開発国との間）で三〇年もの差があるのは、道徳的憤慨だけで論じきれない、あまりにもひどい話ではないか。

原注

（1）アマルティア・セン『正義のアイデア』池本幸生訳、明石書店、二〇一一年。

（2）貧困統計については、世界銀行のサイトを参照のこと（www.worldbank.org）。

（3）*Population et Sociétés*, INED, n°463, 2010.

（4）多次元貧困指数に関する最近の世界データは、ＵＮＤＰの『人間開発報告書２０１１』を参照のこと。

（5）ミラノヴィッチの著作を参照のこと。*Worlds Apart. Measuring international and global inequality*, Princeton University Press, 2005.『不平等について』村上彩訳、みすず書房、二〇一二年。次も参照のこと。François Bourguignon et Christian Morrisson, « Inequality Among World Citizens, 1820-1992 », *American Economic Review*, vol.92, n°4, 2002, p.727-744.

（6）ジニ係数は、完全に平等な状態からの乖離を計測する。国民全員が同じ所得を得ている国であれば、ジニ係数はゼロになる。

（7）François Bourguignon, *La Mondialisation de l'inégalité*, Paris, Seuil/La République des Idées, 2012.

（8）前掲書、François Bourguignon, *La Mondialisation de l'inégalité.*

（9）平均所得が一〇〇〇ドルと二万ドルの国があり、経済成長により、この二国の所得が倍増したとしよう（二〇〇〇ドルと二万ドル）。相対的格差に変化はないが、絶対的格差は急増する（なぜなら、格差は九〇〇〇ドルから一万八〇〇〇ドルになるからだ）。

（10）たとえば、次の開発経済学のテキストを参照のこと。Thierry Montalieu, *Economie du développement*, Paris Bréal, 2001. Sylvie brunel, *Le Développement durable*, Paris, PUF, « Que sais-je ? », 2004.

（11）次を参照のこと。Jean-Michel Sévérino et Olivier Ray, *Le Grand Basculement. La question social à l'écelle mondiale*, Paris, Odile Jacob, 2011.

（12）ジョセフ・E・スティグリッツ『世界を不幸にしたグローバリズムの正体』鈴木主税訳、徳間書店、二〇〇二年。

（13）ジョセフ・E・スティグリッツ『世界の99％を貧困にする経済』楡井浩一、峯村利哉訳、徳間書店、二〇一二年。

（14）トマス・ポッゲ『なぜ遠くの貧しい人への義務があるのか』立岩真也訳、生活書院、二〇一〇年。

（15）Dominique Méda, *La Mystique de la croissance*, Paris, Flammarion, 2013.

（16）一九六三年のケネディ大統領の演説の一節より。« A rising tide lifts all the boats »

第二章

グローバルな格差は倫理面だけの問題なのか

極度な貧困やグローバルな格差に関する大々的で克明な報道に接することがある。そのとき、無関心でいるのは可能だろうか。さらには、無関心な態度は許されるのだろうか。倫理的観点から考えて、われわれが強く望む原則（その第一は生命の尊重）が踏みにじられるのを黙認すれば、それらの原則が蝕まれる原因にしかならないだろう。われわれの国で餓死が衝撃的な出来事だとすれば、それは他国でも同様だ。遠くの出来事であっても貧困に心が痛むのは、それが基本的人権に関わる問題だからだ。

ところが、格差に接する際はそうではない。格差によっては、たとえば、生活様式の違いとなって現れるものがある。さらには、不正義どころか能力あるいは逆に運命とみなされる格差もある。格差と同時に、資源の正しい分配とは何かという問いは、世界レベルではきわめて複雑な問題なのだ。だからこそ、格差は能力や運命などと解釈され、一般的な無関心が助長されるのだろう。

この無関心を揺り動かす一つの方法は、われわれ全員には世界の状況に何らかの責任があるのを示すことだ（第一章で模索した）。しかし、責任を問う非難は不完全で不確かな場合が多い。必要かつ補完的な手段は、社会を司る制度的な取り決めの正義、より広義にいえば、国際レベルで正義がどのように機能するかを評価する基盤に関する原則を検討することだ。

それらの問いに関して、英語圏の哲学界には数多くの激論がある。(1) 一方、社会科学では、解消されない貧困や、国内および国家間の格差の広がりに関する、経済的、社会的、エコロジー的な影響に焦点を当てた、きわめて多様な議論が培われてきた。次章では、それらの視座を個別に論じるが、本章では、世界の機能（貿易の振興、国の裁量余地、貧困の原因）に関する実証的な考察なしには、哲学的な論証は不可能であることをみていく。

哲学は、哲学という学問が生誕したときから、正義に関する問い、とくに正義の原則が意味をもつ範囲、そして正義の原則が適用される範囲の問題を扱ってきた。たとえば、（ディオゲネスの）ストア派は世界市民を自称した。しかし、社会契約論の発展とともに、われわれの市民としての義務と人間としての義務とが次第に乖離した。だからこそ、正義論とわれわれの政治道徳に関するすべてのボキャブラリーは、国内か少なくとも同胞の共同体内の問題を扱うためのものだと理解されたのだ。(2)

今日、道徳哲学の領域で中心的な役割を果たすジョン・ロールズ（一九二一〜二〇〇二年）の理論(3)は、そうした観点に立脚している。人々の交流に重要な役割を与える観点に立脚するロールズは、道徳の従来の領域を凌駕した。彼は、哲学的見地に制度（法律や協定）や社会正義の概念を打ち立てながら、道徳の従来の領域である私的な倫理への収斂を乗り越えたのである（道徳は、善悪を個別に問題にするだけではなく、社会制度にも依存するようになった。すなわち、道徳は、社会制度が行動様式として望むことにも左右されるようになったのだ）。

正しい社会を定義するために（正しい社会では、基盤になる自由そしてモノや社会的地位にアクセスする機会を、どのように分配すればよいのか。このようなことが問題になった際に、分配的正義によって描かれる範囲を定義するために）、ロールズは、社会の構成員たちの熟慮の過程を描き出した。その目的は、許容できる社会秩序を定義することであり、正当化できる、そして正当化される格差の範囲を限定することだった。ロールズが描く格差は、各自が実現可能な機会を同等にもつ立場になるように定められる。そうした格差は、自己責任であって、正当化できない偶発的なものではない。

さらに、才能や動機のばらつきを補うためにロールズは「格差原理」を導入した。というのは、個人の選択に基づく才能や動機は格差を生み出すからだ。この原理では、最終的に最も不遇な人々の利益になることが証明される格差なら、それは正当な格差とみなされる。熟慮の過程では、社会の構成員は自分の社会秩序で自分自身がどのような立場にあるのかを知らないという意味で公平なのだ（これがロールズの有名な「無知のヴェール」だ）。人々の平等と公平に基づくこうした過程が尊重されるのなら、正義の理想的な分配は保証されるという。

正義を行使するのは国だ：「国家主義者」

本書では、ロールズの理論について議論しない。だが、正義の問題は国内、あるいは少なくとも構成された共同体内でなければ意味をなさないという説を擁護するロールズの哲学から、どのような着想が得られたのかを検証する。さらには、そこから明白に導き出せるものは何かを考える。デイヴィッド・ミラーやトマス・ネーゲルらの哲学者など、英語圏の思潮（国家主義者と翻訳できる「statist」という思潮）は、こうした観点に立脚している。[4]

国家主義者の考えの原点は、存在する唯一の現実は自律的な共同体の世界（第一に国家）だという点だ。そうした共同体では、人々は毎日規則正しく相互に作用し合い、協力し、同じ法律に従う。よって、彼らはグローバルな正義原則という概念を不適切だとみなす。なぜなら、世界は社会ではないからだ。そのため、ジョン・ロールズが想像したような熟慮は、世界規模では思い描けないのだ。国家主義者の論証は、一九九九年に出版された『万民の法』〔ジョン・ロールズ著、中山竜一訳、岩波書店、二〇〇六年〕のロールズ自身の論証ときわめて近い。

国家主義の第一論法では、分配的正義は実際に相互作用のある人々の間でしか適用されない。また、そうした正義が適用されるのは、社会生活を規制するための道徳力と権威を兼ね備えた主体者が存在している場合に限られる。だからこそ、国家（構成員には帰属意識があり、共同体には執行機能のある本当の国家）だけが、自国民に税金を納めさせる、あるいは再分配などを容認させられるのだ。

ここにきわめて重要な点がある。すなわち、正義の原則を打ち立てながら構成員に対し、彼らが帰属する共同体が行使する強制権を認めてもらうことが重要なのだ。すべての強制権は自由を制限するため、強制権を正当化しなければならない。そしてそれこそが正義原則の最終目的でさえある。現在のところ「世界共同体」への帰属には何の強制力もないため、国家で通用している正義の基準が自分たちの国境を超えて（少なくとも機械的に）適用されるのは、想像さえできないのだ。

さらに、グローバルな正義原則は不当であるかもしれない。その理由は、国家主義の第二論法に照らし合わせると、政治的共同体は、他の共同体の構成員たちが決定する自律と能力を尊重し、他の共同体の出来事には介入すべきではないからだ。道徳的相対主義の信奉者であっても、われわれとは大きく異なる国に対し、自分たちの標準や価値観を投影することがある。だが、そのようなことはすべきではないという。彼らの一部には、正義の定義（具体的には、公正に分配したいもの、それを実行するための基準）が必然的に時代と場所に結びついたものであるのを忘却し、自民族中心主義な、さらには植民地主義的な主張を唱える者さえいるという。

一方、自律的で正義にかなった公正な共同体という世界の枠組みでは、自分たちの身近な人々が蒙る特別な不公平を問題視するのは当然だ。そしてさらに、国家主義者が強調するには、われわれを取り巻く人々への忠誠を重視するのは、私たちが普通に抱く感覚に最も近いという。最貧国への援助さらには干渉の義務があるのは否定できないが、国家が存在する世界では「道徳の分業体制」があるという。すなわち、国家が自国領土内で人権を保護するだけの統治権があるのなら、自国領土内での人権保護は国家の役目なのだ。

国家が破綻するなどの特殊な状況において、世界レベルではさらなる援助が必要なのに、国家主義者は、連帯や理性は国レベルで定義され、その定義はさまざまだと主張する。国の正義は自由で平等な市民同士の人間関係のクオリティに依拠する一方で、国際的な正義は自由で平等な共同体間の関係に関することだという。そうならば、市民権と政治的平等の尊重ではなく、人類共通の基準ならびに全人類に関わることのほうが重要になる。仮に、国際的秩序の概念に意味があるとすれば、国家が人権を尊重できる状態にあることを確約するのが国際レベルの責任になると同時に、国家間の格差は正義の優先課題だとはみなされなくなる。

最後に、国家主義者は先ほどの論法を用いて、世界格差の問題よりも国内格差を優先的に扱うべきだと主張する。先ほどの論法に照らし合わせると、われわれには最貧国の貧困や格差に責任はない。国家主義者の考えでは、グローバルな貧困と格差の原因は、（部分的にでさえ）国際的な相互作用や一部の国の政策ではない。それは、機会の欠落あるいは内生的な要因によるものだという。

ジョン・ロールズは『万民の法』で次のように記している。「政治的な国に発展するための決定的な要素は、その国の政治的文化（その国の構成員の政治的および市民的な美徳）であって、その国の天然資源のレベルではない[5]」。したがって、格差があっても「当然」なのだ〔ロールズによると、格差は、運命でも富国から押し付けられたものでもなく、いわば自分たちが選択したものだという〕。

さらに、すべての社会（少なくとも民主的な社会）は、自分たちの富あるいは貧困に付与される固有の意味を調整する。当然ながら、そうしたことは避けられない。だが、社会が自国の貧困に完全に責任があり、それに臨機応変に対処できるとしても、実際には、援助という基本的義務を自国の構成員に確約するしかない。英語圏の哲学界[6]では活発な議論が展開され、国家主義者に対抗する綿密に体系化された学派が誕生するまでになった。

グローバルな正義：「コスモポリティシャン」

英語圏には国家主義者に対抗するコスモポリティシャンの文献がある。たとえば、アメリカやイギリスの政治哲学者であるトーマス・ポッゲ、チャールズ・ベイツ、サイモン・ケイニー、そしてフィリップ・ヴァン・パレースや経済哲学者のアマルティア・センなどの業績だ。ロールズの主張を出発点にする彼らは、国家主義者のさまざまな議論に論理的批判を加えることによって、ロールズを越えようと模索している。

反証の第一波は、国際的な正義の概念の妥当性そのものを考察対象にしている。国家主義者の主張によると、正義原理はそれを実行に移す権力と能力の双方を付与された主体者が存在しなければ適用されないという（あるいは、協力する人々たちの間でなければ、正義原理は適用できない）。この国家主義者の主張は、一見すると説得力があるように思える。しかし、それは正義を実現するための事前に必要とされる条件なのだろうか。この場合、正義を実証的に可能にすることと、正義が道徳的に必要とされることを混同してはならない。

なぜなら、グローバルな正義は必要だからだ。コスモポリティシャンは、グローバルな正義の概念の妥当性に何の疑いも抱かない。全人類は本質的に平等だとする観点に立てば、自由とモノの分配を統治する正義原理は、全世界で適用されなければならない。「無知のヴェール」のもとで行なわれるロールズ派の熟慮が、世界規模ではどのような結論を導き出すのかはわからないとしても、世界規模での正義原理の適用という秩序は正当化されなければならない。

だが、「無知のヴェール」における熟慮は不条理な試みではない。「無知のヴェール」を全世界に適用する観点では、天然資源の不均衡かつ偶然による国家間の配分は、正義の問題を提起するだろう。全世界の住民全員が、自分はどの国で暮らす運命にあるのかを知らないとしよう。そのとき、彼らは、天然資源は均等に配分されているので正義にかなっていると思うだろうか（ほとんど想像できないケース）、あるいは最も恵まれた者たちの利用が最も恵まれない者たちの利益になっているので、正義にかなっていると思うだろうか。この問いは、必ず国際的な問題提起にいたる（どのように再分配するのか、どのような協力体制が必要なのか、という問い）。

というのは、フランスで生まれた子どもがルワンダで生まれた子どもよりも、より多くの権利と機会をもつことは正当化できないからだ。その人がもつ権利に地理的な国境など関係ないのだ。格差は能力では説明がつかず、ほとんどの国では、自分たちの国の内部に存在する格差を解消させるのは当然だとみなされているだけに、ブランコ・ミラノヴィッチが主張する「バース・プレミアム」の概念（自分が生まれた国から授けられるおまけ）を正当化するのは難しい。出生地という偶然性の強い要素がその人の運命に大きく作用する原則を、擁護できるだろうか。

こうした一般原則を超え、コスモポリティシャンは、国家主義者の唱える一部の議論に正確に挑む。たとえば、国際的なレベルでの強制権という概念の妥当性を否定する、国家主義者の議論だ。たしかに、強制権という権力は国家の特権だ。しかしほとんどの場合、人は自分の生まれる国を選択できず（当然の結果として、出生国によって、その人の運命に著しい違いが生じる）、国には外国人を入国させない権限があるので（フランスの場合では、ヨーロッパ圏外の外国人）、国境の存在でさえ強制的なのだ。さらに、国際的なレベルで強制権が存在しないかのように振る舞うのは、大いに議論の余地がある。戦争、移民に関する法律、関税障壁、国同士を結びつける機能的なつながりを考えれば、国際的なレベルでも強制権があるのは明白だ。そうしたすべてのことが人々の機会に影響をおよぼす。強制権は状況によってさまざまな特徴をもつだろうが、国際的なレベルにも強制権が存在するのは確かだ。

そのうえ、コスモポリティシャンによると、今日の世界で（ロールズが想像したような）国というすべての共同体が自律した存在だと考えるのは幻想だという。事実、自律した生活を送るわれわれの能力は、遠い彼方にいる見知らぬ人々に大きく依存している。ある種の連帯を確約してくれ、基本的な公共財を提供してくれる他者や機関などを頼ることなしに生活するのは不可能なのだ。

そうした事情は国家間でも同様だ。自国以外のすべての国が消失したのなら、あるいはそれらの国とのつながりが一切なくなってしまったのなら、われわれの具体的な生活条件は、どうなってしまうのだろうか。国内の人々や実体としての国が行なうことは、国境を超え、人々の行動、組織、機構などさまざまな形態を通じて、他国および他国の人々に多大な影響をおよぼす。こうした相互依存は強制権の形態をなす。

コスモポリティシャンは、外国人よりも身近な人々（あるいは同国人）を特別扱いするのは当然だという論証についても異議を述べる。たしかに、身近な人々を特別扱いする気持ちは、直感的に理解できる。国の共同体では、そのような感情は日常生活によって強まるだろう。しかし、国への帰属意識が生み出す連帯感を過大評価してはならない。

今日、アイデンティティやその形成方法は多様であり、個人の連帯意識は、必ずしも国籍や本人の帰属する集団によって制限されるのではない。個人の帰属意識を培い、運命や永遠とは無縁の心理を生み出すのは、世界の現状、各国の政策、さらにはナショナリズムそのものであるといえる。

一つ確かなことがある。それは、「世界市民」ではなく、ある国の国民だと感じられたのは、コミュニケーションや情報レベルが現在よりも大きく制限されていた社会契約黎明期の話だということだ。

そのうえ、コスモポリティシャンは、当然ながらエコロジー問題に敏感な態度を示す。彼らは、有限な世界では他者への配慮が必要であり、われわれの身近にいる人々を特別扱いすれば(さらには、当然と思われるこうした特別扱いを、われわれ自身の欲求にしてしまうと)、遠い彼方で暮らし、自分たちよりもはるかに不利な条件に苛まれている人々に対してなせることが制限されてしまうと考える。

この点について、われわれはロールズが遺した考えに疑問を抱く。ロールズのせいで、政治の世界は金持ちになることに対して寛容になったのではないか。というのは、金持ちは貧者に利益をもたらすことができるという論理があるからだ。また、ロールズは「マキシミン原理[7]〔ある行為を取った場合の最悪の事態と比較して、最も害悪の少ない選択肢を選ぶ行動様式〕」という彼の判断基準の一つを利用して、反エコロジスト的な方法による経済成長を後押ししたのではないか。なぜなら、「格差の問題は、副次的な問題に格下げになる。第一の問題は、絶対的観点における最貧困層の状況である[8]」からだ。

このような議論に加え、コスモポリティシャンは、貧国の状況に対する富国の責任の一端について、哲学的レトリックに依拠しながら国家主義者の無関心に挑む。ほとんどのコスモポリティシャンは、「運平等主義」に賛同する。これは、その人の運や外部状況だけで、その人の有利や不利が決まるようなことがあってはならないとする見地だ。望んでもいないのに偶然に受け継いだ、自分には責任のない人生の負の側面は補償されるべきだ、と正義は要求する。

ロールズはそうした見地を否定しないが、格差原則によって扱われる彼の運平等主義は国境内にとどまる。この点につき、コスモポリティシャンの結論はきわめて明快だ。すなわち、グローバルな格差は正当化できない。よって、解消されなければならないのだ。貧困に苦しむ人々は、自分たちでは貧困を制御できない。能力主義に基づき格差を正当化することに限界があるのは国内レベルでは明らかだが、国際レベルではさらに明白になる。(9) いずれにせよ、ここには実証的な問題が見出される。つまり、貧困あるいは格差の原因は何なのか、ということだ。われわれは、この問題の複雑性についてみてきた。他国の問題を常に彼ら自身の要因(たとえば、汚職による飢餓)によってわれわれに説明させようとする「説教めいたナショナリズム」などではなく、この問題を真剣に考察すべきだ。

最後に、コスモポリティシャンは、国家主義者の運命論的そして静力学的な立場にいらだちを覚える。国家主義者は、貧困と格差をまったく手の施しようのないものだと考える。つまり、貧困と格差は、社会と歴史の仕組みに組み込まれたものであり、人々の心理にしみ込んだものと捉えるのだ。ところが、国家主義者は、存在する現実を当然のこととして考える傾向がある。つまり、国家主義者は現状を擁護しようとしているのではないか。国家主義者は、国家とグローバル化した世界との関係を示す力関係に鈍感なのだ。さらに、彼らの自律した共同体という見方は非現実である(なぜなら、非介入と援助だけでは自己決定できる国になることは保証されず、それらの国の国民の幸福を確約するには不十分だからだ)。そして何よりも、国家主義者は貧困と格差に対して何かできるとは思っていない。

以上が、コスモポリティシャンのラディカルな立場だ。コスモポリティシャンの立場は、グローバル正義に対する大きな賛同を取り付けて世論を効果的に動かすには、あまりにもラディカルだろうか。コスモポリティシャンのなかには、第三の道を切り開こうとする者たちがいる。

「コスモポリティズム」について考える

ここ二〇年来、きわめて活発なコスモポリティシャンの世界では、とくに、国の枠組みを超えた正義原理の拡大（拡大させるのは必要だが、どの程度まで）について激しい議論がある。最もラディカルなコスモポリティシャン（たとえば、サイモン・ケイニー）によると、広大な世界における正義原理の拡大は完璧でなければならないという。すなわち、国の正義原理が根本的に普遍主義者の基盤に基づいている以上、国の正義原理はグローバルなレベルで適用されなければならないという。推論すると、次のような議論の流れになる。

（A） 全人類には、人間として平等な尊厳をもつ権利がある。
（B） 全人類にとって重要なモノが存在する（市民および政治の自由、金銭的な財、医療）。

（C）尊厳は平等でなければならないため、選択的でなく恣意的な理由によって何人たりともそれらのモノについて極端な状況にあってはならない（グローバルな運平等主義）。

（D）出生地は恣意的である。

（E）平等な尊厳を確保するには、法律、機会、所得、医療が、世界で平等に分配されていなければならない。

この一連の議論では、（B）が議論の対象になるだろう。なぜなら、必ずしも全員が同じモノに同等の価値を見出すわけではないため、格差を測るための一義的な計測法を見つけるのは難しいからだ。しかし、コスモポリティズムにおいてさえ、さらなる論争を巻き起こし、曖昧な見解にいたるのは、道徳原理の内容と適用可能な性質〔正義〕は、作用する交流の形態に依存するという問題だ。つまり、共同体内の市民間の交流に関する正義がある一方で、基本的な構造の制度〔たとえば、集団や国家〕間の〔拘束力が緩く、抽象度の高い〕交流（ロールズなどが用いる表現）に関する正義があるのではないか、という問題だ。（正義の問題を導くのは交流の形態だと）肯定する人々は、正義が意味すること、そして正義が含意することに限界があると認める。すると議論の流れは、次のようになる。

（A）全人類には、人間として平等な尊厳をもつ権利がある。

（B）基本的な構造の枠組みでは、尊厳の平等には公平が求められる。つまり、自由、機会、資源、医療の平等な分配である。

（C）基盤になるグローバルな構造は存在する。

（D）よって、列挙したすべてのモノは、同等に分配されなければならない。

すると今度は、（C）が問題になるだろう。すなわち、基盤になるグローバルな構造とは、どのようなものなのか、という問題だ。国際的な規則や機関が存在するとしても、国際機関によって、国への帰属ほど強い共同体意識ははぐくまれない。また、グローバルなレベルでは、国の機能に相当するとみなされる明快に特定できる権限は存在しない。さらに、国際機関は、すべてではなく一部の活動にしか関与しない。

それらの議論により、国家主義者の立場との境界がしばしば曖昧になり、はっきりしない態度が生じる。「相対的コスモポリティシャン」に分類される一部の哲学者（トーマス・ポッゲ、ダレル・メーレンドルフ）によると、正義原理は、人々が交流をもつときにだけ広まるという。そのおもな理由は、人々が政治的あるいは経済的な機構を共有するからだ。彼らは即座に次のように付け加える。世界レベルでは、今日、それが現実なのだ（彼らは相変わらずコスモポリティシャンなのだ）。一方、国際的な分配的正義がもつ内容について、不可知論的な態度を示すチャールズ・ベイツをはじめとする哲学者は、国際的な正義は国内の分配的正義の拡張と考えるべきだと述べるだけだ。正義の概念は同じだが、正義原理の適用は、国内なのか、国際的なレベルなのかが尊重されうる。

これらの議論の延長として、近年、段階的コスモポリタニズムを表明した哲学者（ヴァレンティーニ、リッセ[10]）もいる。彼らは、正義の考察はグローバルなレベルにまで拡張すべきだと主張しながらも、そうした正義から生じる原理や義務は、グローバルなレベルと国内のレベルにおいて同等なものだからといって、グローバルなレベルで強制力と拘束力をもつのかという疑問を投げかけている。

この点については、国への帰属に関する固有の疑問、つまり、国への帰属から生じる固有の義務は何なのかという疑問から再検討しなければならない。さらには、われわれ人類に共通する固有の義務や権利とは何かという疑問も考える必要がある。

前者の疑問に傾倒するヴァレンティーニは、国家主義者の論証で重要な（グローバルなレベルでの強制権でなく、よって、グローバルな正義でない）強制権の問題に焦点を当てている。ローラ・ヴァレンティーニは、正義原理の役割は強制権を道徳的に正当化することだという。そして、国内レベルおよび国際的なレベルでの強制力は存在すると主張する。彼女は、この二つのレベルにおいて正義原理を確立しなければならないだけでなく、この二つのレベルにおいてそれぞれ固有の強制権の形態を模索すべきだと訴えている。

彼女にとって重要なのは、国家主義者の強制権という、個別性を考慮した狭義の概念（特定の主体者が懲罰のもとに誰かを強制するという意味）を凌駕することだ。「国家がつきまとう」こうした概念では、自律的な国家だけが自国の構成員（だけ）を強制する権限をもつ。なぜなら、国家は、グローバルなレベルで存在するだろう国家以外の強制の形態を意識しないからであり、また国家主義者は、グローバルな正義という概念を拒絶するからだ。

ところで、全体的強制権と呼べるものは存在する。それは、とくに国際的な規制や機関を通じて行使される強制権のことだ。さらに、社会的な世界、つまり天然資源の希少性という状況で暮らす以上、束縛や強制権は必ず生じる（そしてここに、エコロジストに対する最初の目配せがある）。というのは、強制権は、共同体の主体者だけでなく、規則システム、より広義には、世界の限定的な資源利用において事実上存在する、相互依存によっても行使されるからだ。グローバルなレベルでは、それは、正義原理に照らし合わされる、グローバルな強制権の形態に関することだ。

ヴァレンティーニの結論は、国家の実際の相互依存の度合い、ある国が他国の状況に関してもつ責任の重さ、行使する強制力の程度などに応じて、コスモポリティシャン的あるいは国家主義者的な立場に賛同することだ。したがって、倫理的選択は、グローバリゼーションの進行と効果について経済学者や政治学者が示す見解と無縁ではなくなる。このようにして、哲学的立場、政治的考察、実証的要素は、新たに結びつくのである。

人権の問題

マティアス・リッセは人類の特殊性の問題を詳述するために、国の特殊性の問題から再検討する。「相対的コスモポリティシャン」(国家主義者に近い立場)のリッセは、国への帰属により、地球レベルにはない、交流、協力、共同体の努力が生じ、それらは実に多様だと主張する。リッセによると、ロールズの「国内的な」正義原理の人類全体への浸透が拒絶されたとしても、それは正当化されるという。だからといって、交流がなければ、正義に関するあらゆる問題提起は意味をなさないのだろうか。リッセはそこまでは論じていない。しかし、国内の相互依存は国家間に存在する相互依存よりもはるかに強いため、とくに国家間レベルなどの国以外の機構的取り決めの枠組み（たとえば、国際貿易の協定）においては、正義原理の拘束力は弱いはずだ、と彼は主張する。

そうはいってもリッセは、国レベルで価値のあることを単純に希釈化したものとして考えられない原理もあると執拗に述べる。それらの強力な原理は、国内的な議論だけでは十分ではない。それらの原理のなかで最も根本的なのは、地球の全住民が共有する人間の共通性、つまり人類に固有なものを考慮することだ。この観点では、人々の間での資源と領土の分配は、全員が人間としての基本的欲求を満たすためにそれらを利用できる場合に限り、そして権利に関する限り、正当とみなされるだろう。普遍的な人権の概念が認められるのなら、非常に重要な疑問が生じる。すなわち、定義上の普遍的な人権と国の存在を両立させることだ。

状況によっては、この疑問は如実に明らかになる。というのは、自然災害の際、国を助けるためだけでなく、しばしばその国に不足している機関を設立するために、国境を無視してその国の内部に介入することさえ余儀なくされる場合があるからだ。国家主義者自身も、救援する義務があると主張し、介入には反対しない。しかし、それは実践に関することであって、国境を正当化することより地球資源を公正に分配すべきだという考えのほうが説得力があるという、より一般的な原理に関することではない。

またしてもエコロジー的な観点がもち上がる。すなわち、人類全員が地球の所有者であり、誰もが共同所有されているそれらの資源を、自らの欲求を満たすために利用する義務がある以上、それらの資源は、公正な分配の対象にならなければならないのだ。世界格差は、貧困、そして普遍的人権という概念に基づく援助の義務を超え、グローバルな(分配的)正義に依存する。少しばかり抽象的だと思えても、地球一帯が居住不能になれば、こうした問いは非常に具体性をもつだろう。

たとえば、バングラデシュの住民は、自分たちの領土が海面上昇によって居住不能になったら、どこで暮らせばよいのだろうか。世界規模で不可避な人々の移動を組織するには、どのような正義原理に従えばよいのだろうか。彼らは、自分たちが暮らす地域では基本的欲求を満たせなくなったのだ。そのような彼らを受け入れようとしない国も現れるだろう。また、世界中で人権尊重が理論的に承認されているとしても、人権尊重を実践している国をどうやって特定すればよいのか。地球温暖化に最も責任がある国だろうか。あるいは自国の領土や天然資源が未活用である国だろうか。しかし、こうした評価は簡単ではない。なぜなら、天然資源の概念自体が曖昧だからだ（たとえば、公害をまき散らす天然資源を、他国よりも上手に利用することを学んだ国も存在する）。

ここでも、現在の経済状況における国固有の責任に関する問いがある。すなわち、繁栄あるいは貧困に関する問いだ。天然資源自体の所有権は人類にあるが、そうした天然資源を保有する機会と関連する特別な努力の役割を、どう評価すればよいのだろうか。これは複雑な問題だが、避けて通るわけにはいかない。なぜなら、地球資源の所有者は人類だと考える以上、一部の国が、他国が持たない天然資源を持つという事実によってのみ、国富を得たとしか説明できないのなら、それらの国富は不正とみなされるからだ。

しかし（何らかの天然資源を保有する場合）、自国の天然資源の利用が最も恵まれない国を損なわないだけでなく、最終的に最貧者の利益になるのが明らかなら、その機会を利用するのは非難されるべきことではない、というロールズの主張も成り立つ。天然資源は、その傾向として偶然性の強い恣意的なものだが、格差原理によって、格差から生じる不平等は容認さらには正当化されるだろう。

援助するのは義務だという問題を再考しようとする者は誰もいないが、こうした援助の義務という問題以外に、気候変動難民や最貧国の経済難民に対する援助が正義に関する絶対的な義務なのかどうかの（少なくとも理論的な）回答は、哲学的および実証的な考察の組み合わせにあるはずだ。さまざまな移民政策、より広義には国家間の格差是正を目指す政策の許容度を確立させるには、そのような考察が最も重要性をもつに違いない。

ヴァレンティーニとリッセは、環境問題などのグローバルな性質の問題を扱うのを避けているが（少なくとも無視しているが）、両者の分析が国家主義に対する断固否定にいたることには変わりがない。さらに、ある種の強制力も含め、人々の間の協力関係は国の枠組みに限定されるだけでなく、国際的な規模でも存在することは無視できなくなった。

グローバルなレベルでの交流の緊密性は薄いとしても、人権をもつ者は誰もが世界の構成員であるため、グローバルなレベルでの普遍的な人権は擁護されなければならない。地球の住民全員にとって、こうした人権が尊重されないのなら、世界は不公正だといえる。地球の共有者という観点は、未来世代に対する義務も含意していると補足しておこう。次は、彼らがそうした世の中で生き延びる手段を見つけなければならないのだ[11]。しかし、二つの疑問が未解決のままだ。すなわち、どうすればそうした人権を尊重させられるのだろうか。多少なりとも強制力のあるグローバルなレベルでの普遍的な人権という考えは受け入れられるのだろうか。

多元論的コスモポリティズム

人権尊重は、世界中で確認できる現実というよりも一般的原則にすぎないとしても、人権を尊重させるのは、まずは国の役割だと考えられている。ところで、国はグローバルなレベルで人権を保障できるのだろうか。仮に人権が尊重されない場合、誰に訴えればよいのだろうか。強制力の問題は説明責任（アカウンタビリティー）の問題に辿りつく。誰に弁明すればよいのだろうか。国は国民を強制するとしても、国は国民に恩義がある。というのは、国民は、国の選挙民であり、構成員であり、被保護者だからだ。

世界レベルでの多元レベルの協力や、世界的ガバナンスのシステムを想像することはできる。各国がメンバーになる政府間の機関（そして国際的使命を担う機関）が設立され、それらの機関が各国を通じて全人類に弁明するのだ。するとわれわれは、全面的な国家主義と全面的なコスモポリティズムという二つの段階の間に位置するのだろうか（トーマス・ポッゲの多元論的コスモポリティズム）。

この曖昧な立場は、正義の義務の性質にも関係がある。交流の形態やさまざまな強制権には、それぞれのレベルに応じた正義原理が適用されるだろう。

グローバルなレベルでは、普遍的人権に基づく援助の義務は検討されない。だが、グローバルなレベルでも、われわれが自分たちの肉親や近隣の者に対して抱く義務と同様の普遍的な（負の）義務が存在する。たとえば、同郷人だけでなく外国人を殺すことは許されない。同様に、われわれには自分たちの同郷人だけでなく、外国人に対して社会的に有害な機構（たとえば、奴隷制度、さらには不公正を生み出す貿易システム）を押し付ける権利はない。こうした（他者に害をおよぼさないという）要求には、（植民地主義や戦争などによって）われわれが遥か彼方の国にかなり以前におよぼした損害に対する賠償義務が加わる。

しかしながら、われわれには、対象が自分たちの家族、同郷人、世界であるかに応じて、強度が変化する（正の）義務がある。たとえば、私たちは自分の子どもたちに危害を加えない、あるいは子どもの欲求を満たすといったことだけでなく、子どもたちを愛し、子どもたちを支援することなどのために、（先験的に最大限ではないにしても）所定の段階で尽力する。自分たち自身の国の経済条件を平等化させるために努力することもできる。

しかし、それは、世界規模ではそれほど絶対的な義務ではないと思われる。絶対的な義務は、全人類が生きるために十分なモノを所有することや、地球で暮らす全住民が平等な運命をもつことだ。この点に関するコンセンサスが存在しないので、ポッゲなどの哲学者は、(われわれに共通の人間性から生じる)優先的な正義の責務を主張するのだ。つまり、われわれが自分たちの身近な人々により大きな正の義務を抱いても、われわれが外国人に対して抱く(危害を加えないという)消極的義務は損なわれないというのだ。

したがって、強制力と交流の階層化されたレベルの存在(家族、地域、都市、国、世界)は、人権の尊重および不可侵な負の権利という普遍的な基盤を超えて、正の義務自体が階層化されて優先順位がつけられることを意味する。

しかしながら、正義原理に関するこうした曖昧な再定義により、正義原理に関するあらゆる議論の政策的な結論を、より明確に導き出せるのではないか。この点に関して、国家主義者とコスモポリティシャンは、お互いに自分たちの「純理論的な解釈」にあまり満足していない。格差に寛容な国家主義者は、(彼らの敵対者がいうには)優先すべきは貧国に危害を加えるのをやめることだと自覚せずに、貧国への「援助」を主張する。そうなれば、グローバルな正義は人道主義になってしまうだろう……。

一方、妥協を嫌うコスモポリティシャンは空想家だ。なぜなら、正義原理を実行に移すためには、人々の持続的支援が必要であることは別にしても(とくにグローバルな格差に関して、人々の持続的な支援が得られるかは定かでない）、本当に「自国領土外」で、すなわち、文脈のない超越的な方法で、正義原理を定義できるのかは疑問だからだ。コスモポリティシャンの推進するグローバルな正義が、完全に人々の手に届かない、人々の私的な関心や日常生活で抱く感情から程遠くにあるのが明らかになったとき、人々を動機付けるには、どうすればよいのか。グローバルなレベルでの平等を自己の目的にすると、きわめて非現実な考えの持ち主とみなされる恐れがある。よって、ほとんどの人々は、そうした平等を実現するためのあらゆる譲歩を拒絶すると思われる。そしてコスモポリティシャンは、平等原理主義、さらには全体主義者とさえみなされてしまう。なぜなら、彼らの主張に短期的な変化は望めないという批判に加え、彼らの理想は自由な世界では想定しづらいからだ。つまり、これを実現させるには、独裁的な超国家的な権力が要求されることになる（こうした見解を表立って支持する者は、ほとんどいないだろう……）。

「現実主義者」でありたいとしても、われわれが現状について罰せられることには変わりがない。そして正義原理の役割は、現状を批判し、どのような根拠に基づき、何が不公正なのか（不公正と思われること）を述べるための枠組みを提供することでもある。この場合、それら二つの立場（国家主義者とコスモポリティシャンの対立）からは、最貧者に対するわれわれの義務に関する異なる結論が導き出されるに違いない。

正義よりも人道主義の考察を促す国家主義者のほうが、最貧者の存在を重視していないのは間違いない。というのは、彼らはグローバルな格差自体を手の施しようのないものだとみなし、またそれを部分的に正当化し、そうした格差の存在を認めることによって、極貧だけを考えるからだ。

コスモポリティシャンは抜本的な制度改革を主張するだろう。最も恵まれない者たちは絶対的権利をもつだけでなく、国際的な格差は、グローバルな正義に関するつかみどころのない問題も提起する。最貧国の経済発展を支援するだけでは不十分なのだ。すなわち、グローバルな制度改革にも取り組まなければならないのである。グローバルな制度改革（そしてグローバルな制度改革を国家主義者に提示すること）にとって、世界レベルでの倫理面における問題は、極貧そのもの（絶対的格差）だけでなく、資源と機会のグローバルな分配なのだ。すなわち、相対的格差である。そこにあるのは運命ではない。つまり、出生地と地球資源の分配の双方が偶然に決まるのなら、そうした偶然が人々の人生に多大な影響をおよぼすことこそが不公正である。

だからこそ、天然資源のこのような格差を社会的利益や不利益に変える国内および国際的な規則、そしてグローバルな制度を再考すべきなのだ。さらには、天然資源の概念自体、議論の余地がある。というのは、もう豊富にあるとはいえない世界の天然資源は、グローバルな規律や機構によって規制されているからだ。こうした確固たる政治的観点は、次のような考えに基づく。すなわち、正義はわれわれは同じ地球を共有しているという事実にしっかりと根差していると考えるのである。

しかしながら、ちょっとした哲学的熟考によって、極貧の撲滅が急務であることが（人類全員の不可侵な権利の名のもとに）簡単に立証されるとしても、世界格差を解消させる必要性に関しては、哲学的熟考はあまり説得力をもたない。なぜなら、われわれの身近な者たちに対する正の義務のほうが優先され、拘束力が強く、社会体制の見地からの支援も充実していると思われるからだ。グローバルな幸福を最大にしたり、世界レベルで機会の平等を担保したりすることは、絶対的な義務だとは考えられない（さらに、そうするのは、きわめて複雑だ）。要するに、誰に対しても危害を加えないことが絶対的要請であるのなら、われわれは、各自の幸福や全員の平等には責任がないことになる。

しかし、この段階で議論を早々と終わらせてしまわないために、哲学的論証は、われわれの理解を促す実証的な要素とともに、世界格差における自分たちの（分配の義務が生じる）

責任の一端だけでなく、それらの格差を生み出す力学も視野に入れなければならない。国家主義者は拙速にも、グローバルな格差は極貧状態以外であれば有害ではなく、人々の将来は彼ら自身の国に閉じ込められた状態にあると述べる。

はたしてそうなのだろうか。よりおおまかに、格差のマクロ社会的および経済学的な影響について自問してみるべきではないのか。たしかに、これはかなりロールズ派的な問いだ。なぜなら、ジョン・ロールズの理論の独創性はまさに格差の影響について問うことにあるからだ。格差はそこから生じる分配が最も恵まれない者たちの利益になるのが明らかな場合に限り、正義とみなされる……とロールズは答えた。グローバルな格差はこの理論に当てはまるのだろうか。そしてとくに、そのような問題提起にエコロジーの側面を統合してみるべきではないだろうか。

原注

（1）フランスではこうした議論はあまりないが、参考となる文献は次の通り。Alain Renaut, *Un monde juste est-il possible ?*, Paris, Stock, 2013, et Stéphane Chauvier, *Justice et Droits à l'échelle globale*, Paris, Vrin, 2006.

（2）Pierre Rosanvallon, *La Société des égaux,* Paris, Seuil, 2011.

（3）ジョン・ロールズ『正義論』川本隆史、福間聡、神島裕子訳、紀伊國屋書店、二〇一〇年。

（4）これらの討論は、ページ数の関係上、本書では扱わないが、次の著書を参照してほしい。Mathias Risse, *Global Political Philosophy,* Basingstoke, Palgrave Macmillan, 2012.

（5）ジョン・ロールズ『万民の法』中山竜一訳、岩波書店、二〇〇六年。

（6）Ayelet Banai *et alii* (dir.), *Social Justice, Global Dynamics,* Londres, Routledge, 2011.

（7）マキシミン原理によると、もし、最も恵まれない層への配分が絶対的な観点で増えるのなら、Aという状況よりもBという状況が好ましいことになる。たとえば、金持ちが一〇〇の資産があり、貧者が二の資産がある状態のほうが、金持ちが三で貧者が一の状態よりも望ましいのだ。

（8）Edgar Szoc, « La taille du gâteau et l'assiette du voisin », 2010, consultable sur www.etopia.be.

（9）フランスのケースでは、次を参照のこと。Marie Duru-Bellat, *Le Mérite contre la justice ?,* Paris, Presses de Science Po, 2009.

（10）Laura Valentini, « Coercion and Global Justice », *American Political Science Review,* 2011, 105, n°1, p.205-220, et Mathias Risse, *On Global Justice,* Princeton, Princeton University Press, 2012.

（11）この複雑な問題については、本書では扱わない。次を参照のこと。Axel Gosseries, *Penser la justice entre les générations,* Paris, Aubier, 2004.

第三章

われわれを脅かす格差

ある所得レベルを超えると、個人（そして共同体）の満足感は高まらなくなると経済学者が語るようになってから、数十年の月日が経過した。ジャン・ギャドレによると、たとえばフランスの場合、一九七三年から二〇〇五年にかけて、一人当たりのＧＤＰは七五％増加したが、主観的な幸福指数は停滞しているという。[1]経済成長を信奉するＯＥＣＤでさえ、ある所得レベルを超えると、一人当たりのＧＤＰの上昇は幸福にマイナスの効果をもたらす可能性も排除できないと語っている。公衆衛生学者リチャード・ウィルキンソンは、社会が急激に繁栄すると、社会レベル（暴力、犯罪率、薬物）と個人レベル（鬱病、ストレス、病気）の病的な兆候が増加すると具体的に指摘している。[2]富のレベルではなく、格差そのものの影響について検証するには、どうすればよいのだろうか。

社会的団結と揺り動かされる民主主義

アメリカの州に関するデータを基に、ウィルキンソンは、経済格差が広がると殺人が増え、人々の人種差別主義な心理的傾向が強まる一方で、自信をもつ人々は減り、社会的ネットワークの確立は困難になると述べている。アメリカを筆頭に豊かな国々（あるいは最も豊かな州）の社会は、理想的な状態にあるわけではないことからも、経済格差は社会に何らかの影響をおよぼすのではないだろうか。このような傾向を明らかにするために、ウィルキンソンは二つの段階で論証する。まず、社会に注目し、経済格差が社会生活におよぼす影響を分析し、次に、個人に焦点を移し、所得が個人の幸福におよぼす影響を研究した。

かつてトクヴィルが著書『アメリカのデモクラシー』において、共同体の暮らしが安定しているのなら、生活の諸条件は相対的に平等になると看破したように、経済格差が社会におよぼす影響に関するウィルキンソンの分析はトクヴィルの延長上にある。すなわち、ウィルキンソンは、社会的つながりのクオリティ（信頼関係の強度、助け合いの頻度、安心感）は所得格差の隔たりの大きさと関係があることを（相関関係によって因果関係がきちんと証明されたわけではないとしても）統計的に示したのである。

所得格差が広がると、社会的つながりには、権力や社会的階層が考慮されるようになり、人々の付き合いには、社会的差別や支配の論理が影響するようになる。さらに、一部の人々の所得が平均的な給与所得者ではとても想像できないような法外な額に達すると、そのような所得を得ること、そして賃金格差そのものの正当性が疑問視されるようになる。世襲財産が法外な所得を生み出して不労所得者がはびこる社会になったり、民主的社会であれば人々の社会的階層は固定されないはずなのに出自がものを言う社会になったりしても、同じようなことが起こる。少なくとも民主主義国という「似た者同士の社会」において、そうした社会は社会的団結にとって有害でしかない(3)。他者に対する信頼感、社会的資本の重要性、失業やストライキの頻度などを通じて計測した国際比較調査によれば、国内の所得格差が拡大すればするほど、社会的団結は弱くなるという(4)。

客観的な格差以外にも、イデオロギー的な観点も重要だ。全員の平等を宣言する民主主義では、能力主義が猛威を振るう状況にある。このような社会では、格差が生じる唯一の原因は個人の能力であって、機会平等が担保されているとみなされるのなら、格差は許容される。一方で、子どもたちは不平等な状態からスタートする。だが、このスタートの瞬間から社会的立場の格差(つまり、具体的に言えば、世帯格差)により、機会平等を実現するのはほぼ不可能になる。そうした世代を超えて再生産される格差により、幻滅が生じ、社会に緊張が走る。政治学者たちによると、〔格差が拡大すると〕あまりにも際立った利害が対立するため、民主主義を機能させるのも非常に困難になるという(5)。支配的な地位にある者たちは、たとえ公益に反する場合であっても自分たちの利益になる政治を遂行させられる。一方、最貧者は政治を進化させる力をもたない。

さらに、格差は世論にも影響をおよぼす。市民はきわめて不均質な状態であるため、富裕層は貧困層のことをほとんど理解できず、そのような無理解が実際の政治に反映されるからだ。

国レベルで行なわれるこうした分析は、国際レベルにも当てはまるだろう。たとえば、豊かな国は貧者の状況を把握するのに苦労する一方で、貧者に資する方向にグローバリゼーションを導くこともできるのだ。一般的に、人々の日常的な交流と同様に国際的な交流においても、格差は交換や信頼を損ない、既存の秩序では通用してきた正当性を揺るがす。

幸福に反する格差

ウィルキンソンの分析によると、個人レベルでは、格差は健康だけでなく心理的幸福にも影響をおよぼすという。日々の物質的な条件が健康に影響をおよぼすことは否定できないが、医師でもあるウィルキンソンは、最も重要な因果関係は社会心理的なものだと主張する。すなわち、病気を引き起こす生物学的な過程は、しばしば物質的状況と関係のある感情や行動だけでなく社会における相対的立場によっても引き起こされるというのだ。裕福な社会では、絶対的な貧困よりも相対的な貧困のほうがはるかに大きな影響をもちうる。そうした例はたくさんある。社会的に低い地位にいると、管理されているという感覚、鬱、ストレスなどの心理的な要因を介して健康に深刻な影響がおよぶ。

われわれが暮らす豊かな社会では、物質的な欠乏という心配が遠ざかるにつれて、他者が自分たちのことをどのように受け止め、自分たちをどう判断するのかが日常生活の第一の懸念になる。その際、相対的にみた社会的地位は決定的な要因なのだ。自信をもつ必要があるのだが、抑圧された状態にある人々は、他者の蔑みという尊厳の欠如につきまとわれる。社会に著しい格差やきわめて低い立場が存在すると、人々は自分たちの尊厳や自分自身の価値を主張するために反発しやすくなる。よって、貧困層の存在する格差社会のほうが暴力がはびこりやすくなるのだ。他者の視線は自分自身を把握するために重要であり、社会的格差はわれわれの心理に大きな影響をおよぼす。ウィルキンソンが主張する因果関係は、物質的な格差から出発する。格差はしばしば能力の違いと解釈されるため、心理的影響が生じる（優越感および劣等感、競争意識、不安感など）。そして最終的には、健康や幸福に影響がおよぶのである。

この点において、ウィルキンソンは、アダム・スミスやカール・マルクスの時代から経済学者が強調してきた分析に同意する。すなわち、もっと稼ぎたい、もっと消費したいという欲望だけでなく、最近テーマになっている幸福の定義である暮らしぶりの比較であり、そこから生じる妬みがおよぼす影響についての分析だ。リチャード・レイヤードをはじめとする現代の経済学者によると、幸福感を決める最大の要因は相対的な所得だという。つまり、自分の「対照集団」との比較から幸福が生じるというのだ(6)。対照集団の所得が自分の所得と同じペースで増加するのなら、所得が絶対的に増加しても、満足感は得られない。要するに、それは、全員が同じエスカレーターに乗っているようなものなのだ。社会ではこのような比較が行なわれるため、幸福曲線と経済成長の曲線は必ずしも一致しないのである。

こうした不一致のもう一つの理由は、現在の所得に見合った暮らしをするようになる「習慣化」のためである。所得が増えてもしばらくすると、それは必然とみなされるようになる。言い換えると、所得が増えても幸福に暮らすために十分だと思える所得のハードルもすぐに高くなるのだ。

したがって、賃金格差を制限すれば相対的不満や妬みを減らせるため、人々の幸福感は増すだろう。一方、格差を前提とする富をめぐる競争は悪影響をもたらす。つまり、富をめぐる競争により、金銭的報酬への強迫観念は強まり、成功や価値観はすべて金銭的規範に基づくようになる。だが、人々はほとんど満足感を得られない。というのは、最大の規範が他者との比較であり続けるからだ。そして（経済学者たちが大々的に証明したように）所得の限界効用は逓減するだけに、満足感はさらに得られない〔モノの消費量が増えるにつれて、モノの追加消費分から得られる効用は、次第に小さくなる〕。追加的所得は、金持ちよりも貧乏人をより幸せにするのだ。所得だけでなく他のモノにも当てはまる、いわゆるこの「収穫逓減の法則」により、格差が著しい社会は、そうでない社会よりも、なぜ効率が悪くなる恐れがあるのかがわかるだろう。しかしながら、格差が社会や人々に有害な影響をおよぼすとしても、世界規模での影響はよくわからない。

格差の危機

今日、国家間に格差が存在するのは自明であり、国家間の格差は強く非難されている。(7) 四〇カ国以上を対象に行なわれた国際調査では、八〇％以上の人々が、世界最大の問題は貧困だと答えている。さらに、八九％の人々は、国家間の格差はあまりにも大きいと考えている。この感情はグローバリゼーションに対する反感につながっている。人々は自分自身の状況

（国内さらには地域）だけでなく、「グローバル・ヴィレッジ」における相対的な状況にも、関心を抱いていると思われる。

一つ確かなことがある。他者が自分より（はるかに）裕福であるのは、もう見過ごせない出来事になったのだ。こうした意識がおよぼす影響を予見するのは難しいが、今後、人々が著しい格差に無関心でいることはまずないだろう。格差を目の当たりにする最貧者たちは、妬みや恥辱というマイナスの感情や無力感を覚えるのではないか。

貧国のエリートたちのなかには、世界の金持ちと似たような暮らしがしたいという思いに駆られ、汚職に手を染める者や、同郷人たちをさらに搾取する者も現れるのではないか。それらの問題に関する実証的な分析はない。しかし、世界格差は人々が交流してお互いに比較し合う国内格差よりもインパクトが弱いのは確かだとしても、グローバリゼーションによって自分を（相対的に）貧者だとみなす指標が変化したのは間違いない。貧国の住民は、グローバリゼーションによって自分たちのことをさらに貧しいと感じるようになったのかもしれない。

人々の交流が盛んになり、人々がこれまで以上に移動できるようになった世界では、移民をめぐる緊張の高まりが予想される。ブランコ・ミラノヴィッチによると、人々が期待する生活レベルのかなりの部分は、その人が生まれた国によって決定されるという。つまり、不運にも途上国で生まれた人が自分の生活状況を改善したいのなら、（最も効果的で理にかなった）解決策は先進国へ移民することだ。ミラノヴィッチは世界銀行の途上国の住民を対象にした（二〇〇〇年代初頭に実施された）調査に言及している。その結果は大変興味深い。すなわち、途上国の人々に対し、もし法的に可能なら移民したいかと尋ねたのである。バングラデシュやルーマニアなどの国民の半数以上は、その準備があると答えたという。

各国間の格差が移民を促すのは明らかなのに、先進国は、法律の制定（さらには人種差別的または外国人排斥的な政策を打ち出す）、あるいは途上国からの移民の侵入を防ぐ障壁の建設によって対応している。国連が二〇〇四年に発表した報告書によると、移民を抑制する政策をとる政府の割合は、一九七六年の七％から二〇〇三年には三分の一以上になったという（ちなみに、ＥＵは移民問題に関して最悪の成績を収めているわけではない）。実際には、途上国が豊かになるか、途上国の多くの国民が先進国へと移民するしか方法はないのだ。移民の急増を問題視するなら、あるいは自分たちの国が移民の急増に脅かされると感じるのなら、実行可能な唯一の方法は各国間の格差を縮小するしかないだろう。

さらに、社会的（あるいは環境的）格差から生じるこうした人々の移動により、最も貧しい地域には政治的混乱、さらには無秩序が生じやすくなる（たとえば、世界で最も治安の悪い海域の一つである、紅海南部の海峡付近に出没するソマリアの海賊）。各国間の格差がおよぼす社会的影響としては、麻薬の国際的な不正取引やマフィアの横行、さらには人々の鬱積する不満や政治的緊張の高まりなどもある。そのような事態は、天然資源や（ダフールの場合のように）気候変動が原因の戦争の勃発によっても証明されている。また、指摘するまでもなく宗教原理主義の台頭もそうした例証だ。(8)

もちろん、テロリズムの台頭を各国間の格差のせいにするのは拙速だが、こうした格差の影響はまったくないと断言するのも拙速だろう。世界銀行自体が、こうした格差は社会にマクロな影響をおよぼすと認めている。有限な世界において格差の著しい国々が共存するという状況なのに、世界銀行は「社会の持続性」という概念を強く主張しているである。

足かせをはめられた経済成長

自由主義的な観点では、格差は擁護されてきた。すなわち、経済活力と自由な起業家精神は経済格差を生み、これを正当化してきたのだ。たとえば、次のような考え方だ。莫大な私的利益が得られる夢がないなら、イノベーションのためにリスクを取って競争しようとする者など誰もいないのではないか。格差のない完全に平等な社会では、人々はやる気を失うのではないか。公正な市場において全員が適度に平等であるのなら、経済が健全である証拠でもある格差を心配する必要などないのではないか。

そのような考え方では、格差が機会の不平等から生じるのなら、才能を発揮できなかった人々も存在するのだから、こうした格差は社会全体の効率性を損なうという主張もなされる。このように、効率性と公平性に関し、正反対の論証が提示されるのである。

しかし全体として、大半の経済学者は、格差は経済成長にプラスの効果をもつと長年にわたって考えてきた。ノーベル賞経済学者アーサー・ルイスは、格差は経済の発展や成長に資すると主張してきた。その理由は、金持ちは貧者よりも貯蓄するからであり、経済成長のカギは資本を蓄積することだからだ。また、金持ちが豊かになれば、貧者も含めて全員に恩恵が行きわたるという「トリクルダウン理論」が唱えられた。ジョン・ロールズの分析ならびに彼の格差原理によって強化されたこうした見方により、格差が最終的に最も恵まれない者たちの利益になるのなら、格差は認められるようになった。つまり、格差よりも絶対的な観点で恵まれない人々の状況のほうが重要なのだ。よって、貧者を支援する最良の方法は経済成長を維持することになる。だからこそ「ワシントン・コンセンサス」に基づく政策は、分配の問題はほとんど考慮せず、富裕層の減税を推奨するのである。その目的は〔富の〕流れをよくするためだというのだが……。

現在、そうした説には大きな異論が唱えられている。一つめの理由は、格差は経済成長に寄与しないどころか、経済成長を減速させる恐れがあるからだ。もう一つの理由は、経済成長だけでは格差を必ずしも解消できないからだ。このような見方の変化は、二〇〇三年の世界銀行の報告書に初めて登場した。この報告書には、経済の効率性と持続的な発展という観点から格差の拡大と貧困は有害だと明記してある。

アメリカのノーベル賞経済学者ジョセフ・スティグリッツは、二一世紀に入る以前にこの見方をすでに支持していた。スティグリッツは、経済は格差によって不安定かつ非効率になるため、経済成長率は下がり、信頼関係は破壊され、民主主義の理想は打ち砕かれると述べた。近年の金融危機により、著しい格差は有害だという考えは強まった。著しい格差こそ金融危機の原因だったのだ。

たとえば、アメリカでは過去三〇年間、富裕層はさらに豊かになった一方で、最低賃金は上昇しなかった。社会的安定を保つために、返済能力のない大衆層の世帯が不動産所有者になれるようにローンを組ませたのが、まさにそうした例である。金融市場はこの捕食的なローンから莫大の利益を得たが、その結末はご存知の通りだ。この常軌を逸した金儲けには、出発点ですでに資産をもつ者たちが有利な社会的地位にものを言わせる競争が加わった。スティグリッツはトリクルダウン理論を否定しながらも、とくにアメリカで顕著な「トリクルダウン行動主義心理学説」を唱えた。すなわち、著しい格差社会では誰もが他者の消費に敏感であると同時に、この著しい格差は解消されないという説である[9]。

したがって、格差は経済成長を促すと信じるのをやめるのなら、貧困を継続的に削減するには経済成長が必要十分条件だと信じるのをやめることになる。経済成長によってもたらされる恩恵の分配のあり方は、格差の隔たりの大きさなど、社会の状態によって大きく異なる。国内格差が大きければ大きいほど、経済成長によって貧者が得る利益は小さくなる。経済成長、貧困、格差の関係は、相変わらず複雑だ。経済成長は格差の大きさにかかわらず、格差以外の要因（国の役割、市場開放、中位所得など）にも左右される。

国内格差に関するこうした論証は、グローバルな格差がおよぼす影響とも関係がある。各国間の格差（とくに、先進国と途上国との間の賃金と購買力の大きな格差）は、「貧者から金持ちへ[10]」といわれる経済モデルを生み出した。中国やインドなどの新興国が採用したのがこの経済モデルだ。これらの国は低コストでつくる製品を先進国に販売する。この「輸出型経済成長」モデルが利用するのは、まさに先進国と途上国との格差だ。

だが、これははたして持続可能だろうか。これらの国の内部では、格差に基づくタイプの経済成長によって国内の（劣悪な労働条件や低賃金の）生産者と同時に消費者がないがしろにされている。というのは、国内市場よりも先進国の市場のほうが重要視されるからだ。それはとくに中国で顕著だ。この経済モデルの社会的コストには批判が強まっている。国内需要の増加により、この経済モデルの威力はいずれ薄れるだろうが、現在のところ、格差拡大によって国内需要は伸び悩んでいる。一方、先進国では、消費者が安い製品で倹約できたと思っても、現地生産や失業が待ち受けている。それでも途上国が豊かになって支払能力のある顧客になるのは、先進国にとってきわめて有益なことだろう。要するに、途上国と先進国の双方にとって、格差に基づくこの経済モデルは許容できないのだ。

だからといって、両者は対称的な立場にあるのではない。それには二つの理由がある。一つには、所得増加の幸福や健康に対する「収穫逓減の法則」により、貧者に資する政策こそが最も大きな影響をもつことだ。もう一つは、資源が無尽蔵にあるわけではない有限な世界では、金持ちから「収奪」する必要があることだ。つまり、格差を解消しなければならないのである。世界の有限性とエコロジー問題を考えれば、格差問題に率先して取り組まなければならないのは明らかだ。さもないと、上げ潮がすべての舟を押し上げるのを待つだけになってしまう……。

地球に対する脅威

なぜ、国家間の格差が地球の脅威なのだろうか。この問いを考えるには、社会学とエコロジーを関連づける必要がある。具体的には、社会的格差と環境問題のつながりについて検討することが前提になる。一九八七年にブルントラント報告書が発表されて以来、この観点からの研究がさかんに行なわれている[11]。この観点を深めていくべきだろう。それも二つの方向からである。一つは、格差の観点から環境問題を考察することだ（今日、これは最も盛んに行なわれている）。すなわち、環境問題の責任は誰にあるのか、そして犠牲者は誰なのか、ということである。そしてもう一つは、社会的格差そのものが（現実に深刻化している）環境問題に、どう影響をおよぼしうるのかを自問することだ。というのは、国内でも地球規模でも、環境問題の解決は格差の少ない社会では容易だろうからだ。

一つには、いわゆるエコロジー格差に関することだ。エコロジカル・フットプリント[12]という指標からみて、環境資源を最も利用しているのは誰なのか、という問いである。もう一つには、環境の悪化から最も被害を受けるのは誰なのか、という問いだ。公害を排出する側と被害を受ける側に関するこれらの問いは、善悪について考えることだ。これまでの経緯を考慮に入れ、責任を問うには、歴史を遡りながら国単位そして個人単位でこれらの問題を考えなければならない。当然ながら環境破壊に関して、私たちは公害の排出者であると同時に被害者でもある。

公害を最も垂れ流すのは誰で、公害に最も苦しむのは誰なのかという問いの答えは明白に思える。そうはいっても、結論は単純には下せない。アメリカ人一人当たりのエコロジカル・フットプリントは世界平均の三・五倍であり、世界中の人々が「アメリカ的生活様式」になれば、地球が五個も必要になることはよく知られている。人間が裕福になればなるほど環境を破壊するのは、国レベルでは明らかだ。たとえば、二〇一一年の国連開発計画（UNDP）の報告書などでは、これらの問題に関する多くの事例が紹介してある。

一人当たりの二酸化炭素ガスの排出量をイギリスと途上国で比較すると、イギリスの二カ月分が途上国の一年分に相当する。しかしながら、裕福な人々の「公害を出すキャパシテイ」は〔途上国の人々よりも〕大きいとしても、裕福な人々は環境問題により敏感でもある。それは彼らの行動様式に現れている（裕福な人々は、リサイクル可能な廃棄物をより多く生み出し、エコロジカルな製品をより多く消費するなど）[13]。裕福な人々は公害を出すためにだけでなく環境を保護するためにも〔途上国の人々よりも〕多くのお金を支払える。これは自分自身の消費を減らすよりも容易な行為だ。

最貧者に関する状況についても、単純な結論は下せない。（とくに途上国の）貧しい人々による生物多様性の破壊を、所得と消費の単位当たりで検証すると、彼らの環境破壊は〔裕福な人々よりも〕大きい。たとえば、貧しい人々は電気がないために食糧の調理のためにバイオマスから〔エネルギーを〕くみとることを強いられる。さらに、生き残るためのこうした日常的プレッシャーにより、彼らは短期的な視野に基づく行動を余儀なくされる。つまり、彼らは自分たちの行動が環境におよぼす長期的な影響を考慮できないのだ（たとえば、彼らは低公害のエンジン燃料を利用できない）。こうした事情は先進国で暮らす貧しい人々にも当てはまる。

そのうえ、最貧国の貧しい人々は子沢山である。環境にとり、人口増は負荷だ。したがって、貧しい人々の暮らしをエコロジー面で節度あるものに変えられるかは不確かだ。しかし、論証の枠組みを再考する必要がある。第一に、ここ数十年来、最貧者が自分たちの依存する天然資源を貪欲な大手多国籍企業から守ろうと戦う際に、いわゆる「民衆環境主義」が定期的に表明されてきた。(14) よって、先進国と途上国という枠組みで論証すべきではない（あるいは、もうすべきでない）。というのは、いわゆる「新興国」では、豊かな暮らしに向けて急速に歩む富裕層が増大しているため、彼らを考慮に入れなければならないからだ。今日、カナダの最貧層下位一〇％のエコロジカル・フットプリントが人類全体の三分の二よりも大きいとしても、新興国の金持ちは彼らに加わったかと思うと、すぐに追い抜いていくだろう。(15)

したがって、環境を最も破壊しているのは誰なのかという問いを、一刀両断できないのはおわかりだろう。そうはいっても、ここ数十年間に大気圏および生物圏が破壊された過程について物質的な側面を検証すると、先進国の責任は免れない。(16) 一八五〇年以来、大気中に排出された二酸化炭素ガスの総量のおよそ三〇％は、アメリカからのものだった。一方、現在、世界人口の三七％を占める途上国には、温室効果ガス排出量の七％しか責任がない。それでもやはり、事態は急速に変化している。東アジア全体では一九七〇年以来、この地域には二酸化炭素排出量の増加分の四五％に責任がある。

同様に、「最も被害を蒙るのは誰なのか」という問いの回答は収斂してくる。先進国の最貧者は最も悲惨な環境で暮らしている。フランスの都市部郊外の問題地区では、騒音、大気汚染、工場が垂れ流す公害などにより、地域住民の健康への影響が指摘されている。自然災害の状況も似ている。アメリカでは、ハリケーン・カトリーナによる被害が最も大きかったのはニューオーリンズの最も貧しい地区だった。

世界レベルでは、公害と環境破壊の被害が最も大きいのは途上国なのは明らかだ。とくに、途上国は〔先進国よりも〕地球温暖化の影響を受けている。今から二〇五〇年までの間に、海面が〇・五メートル上昇してバングラデシュで暮らす一五〇〇万人に影響がおよぶという予想がある。さらに、途上国は先進国よりも自国の天然資源に依存している。途上国が得る富の三〇％は天然資源からだが、先進国のこの割合は二％でしかない[17]。途上国内部でも最貧層は、自分たちの自然環境から即時に利用できる資源に大きく依存しているため、自然環境が劣化すると、彼らの生活は困難に陥る。

一般的に、先進国と途上国はほぼ同数の自然災害に見舞われるが、自然災害による死者の数と経済的損失は途上国のほうがはるかに大きい。なぜなら、彼らは貧しいからだ。このように、国内だけでなくグローバルなレベルでの社会的格差は、環境問題によって拡大するのである。

国内および国家間において、環境問題と格差には密接なつながりがある。汚染者と被害者に関する総合的な評価は必ずしも明確ではないにしても、歴史を振り返れば、金持ちの責任が浮かび上がり、貧者ならびに途上国の責任は小さいはずなのに、環境の悪化から受ける影響は貧者ならびに途上国のほうが大きいのだ。

容認できない格差

正義という観点から環境問題を考えるのなら、貧困削減を優先すべきだろうか。たしかに、貧困削減には出生率の低下という効果もあり、これは環境にとって有益だ。しかしながら、貧困削減政策に正当性があるのは確かだとしても、この政策にはエコロジー面でコストが発生する。すなわち、食肉、電気、工業製品などの消費量が増加してしまう。そうはいっても、途上国の住民に対し、先進国の住民のように自動車をもつのはあきらめろ、といえるだろうか。

実際には、金持ちのエコロジカル・フットプリントが低下しなければ、最貧者のエコロジカル・フットプリントの増加は容認できない。だが、それはほとんどありえないだろう。なぜなら、格差、つまり社会的比較が存在する限り、消費行動は、エコロジカル・フットプリントが増加する方向にしか変化しないだろうからだ。グローバリゼーションが進行し、人々の生活様式が「急速に西洋化」すると、国内ならびに国家間では、西洋に追いつこうとして世界中で破滅的な消費行動が起きる恐れがある。人々の間では、不満が募り、競争は激化し、格差は自分の社会的地位を表明する手段となって、消費圧力はさらに強まる。そうした圧力を受け、個人は、さらなる労働、あるいはさらなる借金へと導かれ、共同体は際限のない経済成長というスパイラルに迷い込み、天然資源の破壊および公害が引き起こされる。

地球資源は有限であり、世界各国はグローバリゼーションによって緊密に相互依存しているため、金持ちの消費は貧者の運命に影響をおよぼす。たとえば、先進国が自動車燃料にバイオ燃料を導入したり、中国やインドの中間層が先進国型の肉の消費量の多い食生活に移行したりすれば、間接的にではあるが、穀物の価格は上昇する。これは二〇〇八年の（サブサハラ地域のアフリカ諸国、フィリピン、ハイチなどにおける）食糧暴動が勃発した原因である。それらの暴動からは、グローバリゼーションの時代では、相対的な貧困と絶対的な貧困に密接なつながりがあることが再認識された。したがって、一部の集団や国だけを貧困から救い出そうとしても、彼ら以外の状況にも配慮しなければ、問題は解決されないのである。格差自体が大きな問題をつくり出しているのだ。格差は社会を腐食させるだけでなく、グローバルには、エコロジーの観点からみた持続可能な経済活動にとって明白な障害になるのだ。

さらに、国家間の格差は環境に関するパワーゲームを許してしまう。先進国と途上国という区分が存在する限り、先進国は自分たちの害悪や汚染を途上国に押し付けることができる。不公平な力関係が多少緩和され、もう少し公正な取引を約束する国際協定が締結されるのなら、途上国は、先進国の廃棄物を自国領土に難色を示さずに引き取ったり、自国の天然資源の開発権を外国企業に安売りしたりせざるをえないという事態には陥らないだろう。そうなれば、先進国は現在よりもはるかに自国の汚染を制限しようとするはずだ。

こうしたことは、世界全体にも国内にも該当する。すなわち、環境保全と環境的公平性を追求すれば、先進国と途上国との力関係と利害の隔たりはあまり目立たなくなり、全体の効率性は高まるはずだ。所得格差が拡大すればするほど、飲料水や公衆衛生へのアクセスが悪化するのは、実証的研究によって確認されている[18]。この観察の背後には、社会的頂点にとどまりたいと願う金持ちは、環境破壊が引き起こす具体的な害悪を懸念することなく、経済成長を最優先するという事実がある。環境破壊によって最も被害を受けるのは最貧者だ。しかも環境破壊は、グローバルな問題であっても私的な問題と片付けられてしまう。

一般的に、あらゆる格差は民主主義の機能に有害であることも指摘しておこう。国家間の格差が限定的であれば、環境問題や「共有地」[19]の管理に関する世界的なコンセンサスは得やすいはずだ。全員が一丸となって努力しなければならないとき、ある種の公平感がなければうまくいかないのは、国内においても事情は同じだ。他者が自分よりも運に恵まれていると感じられるのなら、「自分の家の近隣はダメ（not in my backyard）」という人々の態度は、これまで以上に強まるだろう。同様に、公平感を高めることは、次世代の幸福を考慮するための必要条件だといえよう。著しい格差があると、貧者は手段を選ばず金持ちに追いつこうとするからだ[20]。

格差が社会的緊張を極度に高めるという事実は、国際会議などの際に顕著になる（とくに、京都議定書の会議以降）。現在、気候変動問題により、汚染国である先進国とその他の国々との間には、正義の問題がもち上がっている。気候変動が世界中の国に関する問題であるのは明白だが、国によって責任の重さが大きく異なるのはご承知の通りだ。気候変動の影響がはっきりと感じられるのは、正義（あるいは不正義）の問題と同様に、途上国においてである。気候変動から生じる環境破壊により、地域によっては、最も基本的な権利である人権がないがしろにされている。だからこそ、迅速に行動しなければならないのだ。それは（実際の責任と道徳的責任の切り分けに関する議論があるとしても）先進国の責務だろう。対照的に、先進国は、気候変動問題を物理的環境のクオリティを維持することだと捉えている。言い換えると、先進国は自然保護に敏感だが、実際に気候変動の被害を受けるのは、途上国の国民なのである。[21]

国際会議では、公平感を高める手法と環境問題の解決を重視する手法の、どちらを優先させるべきかという議論が生じやすいだけに、政治力の格差によって強固になる環境問題を、どのように捉えるかの違いは、さらに大きくなる。たとえば、公平感を高めるためなら、貧国の石炭業界に補助金を支給すべきだろう。だが、持続的発展のためなら、公共の森林の利用を制限すべきだろう。国際的な目的を定めるには、どうすればよいのか。一部の島国の存亡のためには、地球温暖化による気温上昇を一・五度に抑えるべきだといわれているが、これを遵守するには、どうすればよいのか。あるいは、ほとんどの先進国には惨事が生じないだろうと思われる、もう少し高い気温上昇を許容すべきなのか。

こうした問いには、グローバルな正義に関する問題が必ず生じる。グローバルな問題の典型ともいえる気候変動は、国の統治と地理的国境に関する正義の問題を考える際のわれわれの試金石だ。大気は、フランス、アメリカ、中国など、全世界を漂う。誰もが大気汚染に責任があると同時に、誰もが大気汚染から被害を蒙る。貴重な資源を利用する際に、コストと利益の分配（そこから利益を得るのは誰で、被害を蒙るのは誰なのか）を決定するのが、グローバルな分配的正義である。たとえば、それは有害な影響が出ないレベルに二酸化炭素ガスの排出量を決定することだ。

具体的に決定すべきは、次の通りだ。

（1）誰が気候変動対策をどの程度まで行なうのか。
（2）誰が気候変動の対策費を負担するのか。
（3）どのように二酸化炭素ガス排出権を分配すべきか。

すなわち、気候変動から守られるべきは誰なのか、費用を負担するのは誰なのか、大気を汚染する権利をもつのは誰なのかは、疑いもなくグローバルであると同時に、世代間の分配的正義についての疑問である。

地球で暮らす全員に関係することなので、気候変動対策の決定基盤になる正義原理は、明らかにコスモポリティズムに準ずる。なぜなら、気候変動対策の費用分担などのグローバルな問題は、国家主義的な観点では扱えないからだ。国家主義的な観点では、解決が難しい問題はまだある。たとえば、国家主義的な観点では、絶対的な貧困に焦点が絞られ、相対的な欠乏とそれが原因で生じる力学は隅に追いやるので、結果的に格差が生じる。しかし先ほど述べたように、絶対的な貧困と相対的な欠乏は、グローバリゼーションの時代では結びついている。よって、貧困撲滅と格差解消には、つながりがあると認めざるをえない。だからこそ、この挑戦はさらに難しくなるのである。

有限な世界では、パイの拡大は期待できない。ジャン＝ミッシェル・セヴェリーノとオリヴィエ・レイが指摘するように、「世界格差の継続的拡大は、増加する最貧層が自分たちの生活条件を改善させようとしたため、一時的にしか管理できなかった」[22]という。もちろん、世界格差の拡大は持続的でなく、エコロジー面の限界は、そうした格差を解消させるための切り札になる議論である。だが、環境問題だけがグローバルな正義の出番ではなく、国の枠組みを超え、格差にも焦点を当てたコスモポリティズムな観点こそが、それらの問題の解決のために最も適切かつ現実的な道筋を切り開くのである。

原注

（1）Jean Gadrey, *Adieu à la croissance,* Paris, Les Petits Matins-Alternatives économiques, 2010. « La croissance ne fait pas le bonheur : les économistes le savent-ils ? », UCL, *Regards économiques,* n°38, 2006, et la note de Peter Victor, « La croissance non économique », Institut Veblen, 2012.

（2）Richard Wilkinson, *L'Egalité, c'est la santé,* Paris, Demopolis, 2010.

（3）前掲書、Pierre Rosanvallon, *La Société des égaux* et Thierry Pech, *Le Temps des riches,* Paris, Seuil, 2011.

（4）たとえば、次を参照のこと。François Dubet, Marie Duru-Bellat et Antoine Vérétout, *Les Sociétés et leur école,* Paris, Seuil, 2010, et Andy Green, Germ Janmaat et John Preston, *Education, Equality and Social Cohesion,* Londres, Palgrave, 2006.

（5）Rapport de l'American Political Science Association : « The Persistent Problem : Inequality, Difference and the Challenge of Development » (2008, consultable sur http://www.apsanet.org/~globalinequality/)

（6）Richard Layard, *Le Prix du bonheur,* Paris, Armand Colin, 2007. Lucie Davoine, *Economie du bonheur,* Paris, La Découverte, 2012.

（7）Camille Bedock, Marie Duru-Bellat et Elise Tenret, « La perception de la pauvreté dans un monde globalisé », *Revue de l'OFCE,* n°126, 2012, p.1-38, et Malte Lubker, « Mondialisation et perceptions des inégalités sociales », *Revue internationale du travail*, n°1-2, 2004, p.97-138.

（8）Sylvie Brunel, « Les déséquilibres Nord/Sud et l'après-guerre froide », *Cahiers français*, n°310, 2002, p.3-9. Harald Welzer, *Les Guerres du climat*, Paris, Gallimard, 2009.

（9）前掲書、ジョセフ・E・スティグリッツ『世界の99％を貧困にする経済』楡井浩一、峯村利哉訳。それらの説に関する議論は、次を参照のこと。François Bourguignon, *La Mondialisation de l'inégalité*.

（10）前掲書、Jean-Michel Sévérino et Olivier Ray, *Le Grand Basculement*..., p.66.

（11）Eloi Laurent, *Social-Ecologie*, Paris, Flammarion, 2011, Le rapport du PNUD, *Durabilité et Equité*, 2011.

（12）エコロジカル・フットプリントは、一人当たりの人間の消費および廃棄物の浄化に必要な面積がヘクタールで示される。

（13）Alain Lipietz, *Green Deal*, Paris, La Découverte, 2012, et Pierre Cornu *et alii, Environnement et Inégalités sociales*, Bruxelle, Editions de l'université de Bruxelles, 2007. 次も参照のこと。L'OECD, *Household Behaviour and the Environmment : Reviewing the Evidence*, 2008.

（14）Joan Martinez Alier, « Conflits écologiques et langage de valorisation », *Ecologie et Politique*, n°35, 2008, p.91-107.

（15）une étude du Canadian Center for Policy Alternatives résumée par Gaël Giraud et Cécile Renouard, *Le Facteur 12,* Paris, Carnets Nord, 2012.

（16）Thara Srinivasan *et alii, The Debt of Nations and the Distribution of Ecological Impacts from Human Activities*, PNAS, 2008, http://www.pnas.org/content/105/5/1768.abstract

（17）世界銀行の調査を参照のこと。*Where is the Wealth of Nations? Measuring Capital for the XXI*st *Century*, 2006.

（18）Le rapport du PNUD de 2011.

（19）ギャレット・ハーディンが広めた考え。« The tragedy of the Commons », *Science, 162*, n°3859, 1968, p.1243-1248. ノーベル賞経済学者エリノア・オストロムは、この概念を自然の財（生物多様性、気候）と非物質的な共通財（知識、情報）に当てはめ、これらの財は国が統治するのではなく、グローバルなガバナンスによって管理すべきだと述べた。

（20）ジャン＝ポール・フィトゥシ、エロワ・ローラン『繁栄の呪縛を超えて』林昌宏訳、二〇一三年、新泉社。

（21）国際会議におけるそうした論争については、次を参照のこと。Paul Harris, *World Ethics and Climate Change*, Edinburgh University Press, 2010.

（22）前掲書、Jean-Michel Sévérino et Olivier Ray, *Le Grand Basculement...*, p.174.

第四章

より公正な世界に向けて

これまで述べたように、世界の貧困と格差を解消させるべき理由はたくさんあると同時に、それらの解消は急務なのだ。極貧は運命などではなく、最も基本的な人権の侵害といえよう。ほとんどの場合、格差は偶然の産物の結果なので、格差を正当化することはできない。「無知のヴェール」という比喩を真剣に考えてみる必要がある。自分たちがどこの国に住むことになるのかわからなければ、私たちは何を保護すべきなのか。貧困と格差の原因が地域的なものだとしても、グローバルな規模で多数の相互依存が存在する。したがって、われわれには、世界の貧困と格差に何らかの責任があるのだ。正義に関する議論だけでなく、格差はわれわれにさまざまな悪影響をおよぼす恐れがある。たとえば、格差は地球環境に持続不可能な方向へ突き動かす力学を生み出す。

私たちが暮らす先進国には、極貧を削減し、格差そのものを抑制する政治的手段があるのは間違いない。現在、先進国は自国の財政懸念から途上国への支援を減らしているだけに、この点は強調しておきたい。フランスの途上国への支援額は自国GDP比〇・五%であり、これは国連が一九六九年以来計画してきた〇・七%に届かない（フランスの途上国支援は、源泉徴収される自国内の連帯を維持するために拠出される額〔社会的費用〕の一〇〇分の一である〔GDP比のおよそ五〇%〕）。

だが、極貧を解消するには、それほど多額な費用は必要でないのだ。年間およそ五〇〇億ドル、そして栄養、医療、教育などに関する「ミレニアム開発目標」を達成するには、一五〇〇億ドルほどの予算が確保できればよいという。[1] ちなみに、毎年の軍事費は一兆二〇〇〇億ドルだ。そして途上国にあるタックス・ヘイヴンには、毎年莫大なマネーが流れ込んでいる（およそ九〇〇〇億ドル）。

アマルティア・センが『正義のアイデア』のなかで要約しているように、「広く周知すべきは、世界は完全には公平にならないということではなく、自分たちの周りには明らかに対処可能な不正義が存在し、そうした不正義は解消できるということだ」。[2] しかし、経済援助には、しばしば異議が唱えられている。激しい論争になるのは、（国や超国家組織が）国民の存在を念頭に入れて格差と貧困の解消に、どの程度まで取り組むべきなのかという問いだ。個人の努力が占める余地も検討しなければならないのである。

途上国の経済成長、先進国の衰退

途上国の開発支援には多くの批判がある。真っ先に批判されるのはその効率の悪さだ。[3] 批判の理由は、貧困には必ず地域的な要因があり、原因は資金不足だけではないため（人口爆発、慢性的な内戦、開発援助金の一部を横領するなどの政治腐敗）、開発支援だけでは、途上国は貧困から抜け出せないからだ。

そうはいっても、多くの途上国開発の専門家（セルジュ・ミシャイロフやジャン＝ミッシェル・セヴェリーノなど）によれば、GDPを増加させることだけを考えるから、支援は非効率になるという。支援により、インフラを整備したり、環境に優しい技術を導入したりすることも重要なのだ。これまでの開発支援では、経済成長を刺激しようとしてきたが、現在では、国際機関は、貧困がおよぼす社会的影響の大きさを考慮に入れ、貧困撲滅といわゆる「統合型開発」を前面に打ち出し、国家組織、非政府組織、市民団体と協働している。

開発支援に対する考えがこのように変化したのは、一九八〇年代に社会のすべての分野に大鉈を振るった構造調整プログラムの完全な失敗に対する、ある種の罪悪感からだろう。国際組織（世界銀行やIMFなど）は、慈善事業を次々と打ち出し、自分たちのイメージ向上に努め、グローバルな「倫理」を確立させようとしてきた。貧困問題は一見したところ格差問題よりも政治色が薄いように見えるが、開発支援の効果を狂わせる汚職をなくして、人々のやる気を殺ぐ極貧を撲滅することが重要なのである。いずれにせよ今日、開発支援は世界規模の分配手段として紹介されている（まだ、その初期段階であるが）。

分配的正義の管理者としてのそうした懸念は、場合によってはイデオロギー的な政策によって増強されて、世界格差が際限なく拡大するのは放置できないという意識も明確にするだろう。よって、普遍主義者は、開発支援の見返りとして国の政策（たとえば、「構造調整プログラム」の時代であれば、歳出削減）に口出しするのはやめようと訴え、将来的には、世界規模で最低限の生活を保障するセーフティネットを整備すべきだと提案している（すべての人間には保障された権利がある）。

こうした提案は批判できないだろう。というのは、たとえば、ソーシャル・ダンピング（低賃金・長時間労働を強いるなどによって国内の生産コストを引き下げ、自国製品を海外で安く売ること）などは、すぐに近隣諸国も真似するが、それとは逆に、人権に関する普遍的な規範の制定は、全員にとって貴重な盾になるからだ。さらに、前章で言及した社会政治的なリスクを考慮することに加え、開発支援政策の転換には、（ありがたいことに）エコロジーに対する懸念も含有されている。その証左に、一九九〇年代末以降、フランス開発庁（ＡＦＤ）は、資金提供する計画を通じて世界的な公共財（生物圏、気候、海洋）を保全するという目標を掲げてきた。

しかし、合意が得にくい問題も生じる。第一に、世界規模で公平原理を適用する考え（先験的には説得力がある）は、一部の途上国が豊かになったこと（そして格差）を考慮に入れ、時代に合ったものにしなければならない。支援の財源は先進国の国民から徴収した税金であり、先進国の国民は全員が裕福だというわけではない。よって、そのような資金を用いる支援は、本来なら支援によって貧困を撲滅できたはずなのに、途上国のきわめて裕福な人々を資するために用いられることもある。だから格差のある国への支援には問題が生じるのである。低所得の国で暮らす人々の大半が貧者だった二〇世紀には、そのような問題は起こらなかった。しかし今日、世界の貧者の四分の三は、新興国（三分の一がインドで、残りは、中国、インドネシア、ナイジェリアなど）で暮らしているため、新興国の貧困削減はすでに国内政策の問題なのである。

途上国への開発支援に批判があるのは、支援が一方的なためでもある。「エンパワーメント〔途上国の弱者の自律を支援すること〕」を重視する開発に関する論証はたくさんあるが、支援に関連のある討論や実践は、ほとんどの場合、相変わらず西洋の識者や専門家が中心になって行なわれている。その際、先進国の途上国に対する正義の義務に焦点が当てられるものの、貧者はこうしたやり取りにほとんど関与しない。しかしながら、倫理観も絡む開発の問題について、貧者の道徳観や判断力を無視することはできない。経済成長自体は、目的ではなく手段なのだ。国の利益を分配し、より広義には、国全体の状態を評価する際に判断を下すのは倫理的選択と政治である。

なぜなら、何が「よい開発」であり、その最終的な基準は何であり、自国にとってよいことは何なのかを決める権限は誰にあるのかを考えなければならないからだ。マーサ・ヌスバウムなどの哲学者が行なっているように、よい開発の構成要素を列記すべきだろうか。たとえば、ヌスバウムは自民族中心主義に陥る危険を冒しながらも、「よい暮らし」という普遍的な概念を広めようとしている。それよりも途上国開発の争点は、人々が自分たちに見合う生活を選択できるかであり、無目的に財やマネーを蓄積することではないのだから、アマルティア・センと彼の中核概念の潜在能力に沿いながら民主的な討議を頼りにすべきなのだろうか。

こうした観点は、途上国の開発支援に取り組む機関に広がった。フランス開発庁の政策にも、その具体的な形跡が確認できる。たとえば、フランス開発庁は、アフガニスタンの人々がケシの栽培を断念できるように綿花栽培の再開を支援している。ほとんどのアフガニスタンの人々は、ケシの栽培を好ましく思っておらず、むしろケシのプランテーションを破壊したいと思っている。これと同様に、このエンパワーメントという観点は、「経済の成長戦略と貧困削減」の論理に影響を与えた。その結果、途上国の開発支援は、支援を受ける国が準備する計画と結びつき、現地の市民社会も参加する討議プロセスを経るようになった。

最後に、途上国開発の持続可能性に関する問題が未解決だ。今日、この問題は、誰もが認めるように間違いなく大きな論争であり、シニカルといえる。極貧状態から抜け出すためなら環境に負荷をかける開発であっても正当化されるとしても、また、そうした開発が先進国の利益と一致するとしても、先進国が全世界に拡散した開発モデルを、どのように変革したらよいのかわからないのであれば、それは厳しい挑戦になるだろう。一つには、経済成長なくして貧困を撲滅するのは想像するのが難しいからだ。しかし他方では、その経済成長の過程で、環境が破壊されるようなことがあってはならないからだ。

ところで、新興国の経済発展が持続的ではないことを示す数字はたくさんある。たとえば、中国一国だけでもヨーロッパの生活レベルに達すると、人類全体のエコロジカル・フットプリントは倍増する。今日、フランス開発庁は予算の半分を環境問題に拠出している。フランス開発庁のように、途上国への支援形式を環境配慮型にするだけでよいのだろうか。たしかに、途上国が環境問題に配慮する体制に移行するのを支援するのは重要であり、そのためには技術と頭脳を導入しなければならない。といっても、それには莫大な費用が掛かるわけでなく、貧困撲滅にもなるのだ。なぜなら、気候変動への適応力は、経済および社会の発展と緊密なつながりがあるからだ。

だが、国家間に著しい格差が存在する限り、つまり、相対的な貧困が大きいと、さらなる富が追求され、環境に優しい発展への取り組みは阻害される。言い換えると、国家間の格差であれ、国内の格差であれ、格差が解消されなければ、貧困は削減できないのである。

ところで、ジャン＝ポール・フィトゥシとエロワ・ローランは、「エコロジー問題の解決策は、生活レベルの向上を終わらせることではなく、格差を縮小させることなのだ」[(4)]という結論を下している。ではなぜ、衰退を堂々と語れないのだろうか。なぜなら、衰退という考えは、政治的にタブーだからだ。衰退という言葉がマイナスな響きをもつのはもちろん、一体誰が共感を得にくい衰退という目的を掲げられるだろうか[(5)]。

そうではあっても、衰退に関する議論には奇妙な雰囲気が漂っている。衰退論者が唱える衰退は、現在の（国内および国家間の）格差を固定させたうえでの全員にとっての経済成長の停止だと思われている。しかしながら今日、生活レベルの均衡を取り戻そうとするなら、衰退するしかないのは誰もがわかっている。そして衰退が選択的であるべきなのも自明である。つまり、何を衰退させ、誰にとっての衰退なのかということだ。環境に負荷の小さい有益な経済活動を支援し、環境に負荷の大きい経済活動は衰退させなければならないのだ。そしてこれも明らかなこととして、衰退は、富の再分配と一緒に行なわなければ意味がないのである。

今日、地球資源は有限であり、グローバリゼーションの時代では、金持ちと貧者の将来は無関係ではない、と全員が認めている。よって、エコロジーを推進するには、格差解消を優先させるため、責任問題をもち出すべきだ。そうなれば、衰退を議論せざるをえなくなる。しかもこうした観点は、一概に陰鬱なものとはいえない。というのは、経済成長は、途上国では必ずしも発展と同義ではなく、先進国のように幸福感の向上とイコールではないからだ。だが、(選択的)衰退は、極貧撲滅よりも実行が明らかに難しい再分配によって行なわれる。なぜなら、衰退は(先進国と途上国の)金持ちだけではなく、その他の国民にも広く関わることだからだ。そこで、国と国民を同時に説得しなければならないため、さまざまな段階に位置する制度と制御、そして市民の参加が必要になる。

制度的な制御と市民の参加

グローバルな舞台での行動が必要とされるグローバルな問題に納得してもらい、行動に移してもらうには、どうすればよいのだろうか。先行きは険しい。なぜなら、連帯の名のもとに、国レベルでは強制権が認められていても、超国家レベルではその限りではないからだ。世界国家あるいは世界政府については、防衛面からの必要性、実現の可能性に対する疑問、有用性に関する疑念などがさかんに論じられている(6)。

一体誰が超国家を必要としているのかという疑問がある。国、とくに先進国は、これまで以上に明確な国際的な政府を必要としない。そのような政府により、国の統治権は切り崩され、〔国際的なガバナンスが拡大するので〕国の人々に対する責務は増えるだろう。また、民主主義の拡大を心配する人もいるかもしれないし、支配国と被支配国が常に存在するような世界であれば、誰もが圧政を心配するだろう。実際には、グローバルな問題に関する理想的な政治手法はよくわからないのだ。

反対に、現在の地域間協定（たとえば、南米南部共同市場）のように、国家間の協力を促すなどの手段によって世界政府を樹立し、そうした政府がグローバルな問題に対処するのは、現実的ユートピアだろう。

既存の国際機関に対し、資本主義の手先だという批判があるとしても、それらの機関を通じて世界政府を強化することも考えられる。しかし、アマルティア・センが指摘するように、正義の化身となるような機関ではなく、正義を拡散させる超国家的な機関をつくり出すべきだ。なぜなら、それらの機関の役割は人々がもつ公平な価値を守り、最低限のセーフティネットによって人々の基本的価値が尊重されるのを約束することだからだ。

新たな機関を創設するのでなければ、途上国の発言力を高めるなどして、既存の国際機関をより公正なものにすべきだろう。セヴェリーノとレイは、現在のG20はアジアの貧しい地域やアフリカ全土を無視しており、G20加盟国の総人口は、二〇五〇年には世界人口の五〇%ほどになると語っている。国連およびその組織（食糧問題は国連食糧農業機関：FAO、公衆衛生は世界保健機関：WHO、貿易は世界貿易機関：WTOなど）などの国際機関での審議や決議を、より民主的なものに改革すべきでもあるだろう。

シンクタンク、財団、非政府組織など、公的機関と市民社会との間で再分配の役割を演じる「愛情の多国籍企業[7]」ともいわれる世界的なネットワークの拡充も考慮に入れるべきだ。

たしかに、それらの機関には、国がもつ強制権はないが、彼らのロビー活動はしばしば威力を発揮する。たとえば、フランスのオックスファム〔Oxfam：貧困と不正を根絶することを目的に世界一〇〇カ国以上で活動する団体〕は、「銀行は飢餓で儲ける」というスローガンを掲げて金融界に圧力をかけ、一部の銀行が行なっていた農産物の一次産品市場での投機行為を断念させた。

それらの機関は、たとえば途上国の債務帳消しでは国よりも先に活動でき、また医療や教育など、これまで国に頼るしかなかった分野にも介入できる。さらに、一九九〇年代後半以降、非政府組織は、国連の委員会にも招聘されている。一方、世界銀行も広いテーマを掲げるフォーラムを組織している。非政府組織も（二〇〇一年のポルトアレグレ以来）「世界社会フォーラム」を開き、各国で表明されている目的や願望をまとめ上げ、世界の議会フォーラムとして市民社会の台頭をアピールしている。

市民社会というものは今後ますます重要になるだろう。民主国家では、市民社会は、国の行動、とくに立法の方向性を定めるために国に圧力をかけられる。民主国家は市民社会に対して説明義務がある。国の強制権が認められるのは、国の活動に合法性があり、民意に沿っている場合に限るのだ。グローバルな正義に関して、この過程はより複雑である（だが必要である）。すなわち、国際機関は自分たちの活動をどうすれば正当化できるのだろうか。組織化されていない世界の住民に対し、いかにして説明責任を果たせばよいのだろうか。たしかに、アマルティア・センが指摘するように、「一人一票」の原則に基づき人類全員に説明責任を果たすコスモポリタンな機関と、各国をメンバーにする政府間組織が共存するスタイルの「コスモポリタンな民主主義」は可能だろう。そうなれば、市民が発する国内の声と世界の声が共存することになる。

国を基盤にする民主主義は、ほとんどの場合、国内の正義や目先の問題を優先する。このように「現在を優先する国家の傾向[8]」がある一方で、世界的な民主主義の基盤は、世界正義の方向性に圧力を行使するための手段になるだろう。だが、国際組織は、さしあたり自分たちを任命する国に対し、自身の正当性を証明していかなければならない。国には世界保健機関や世界貿易機関のような組織に対して活動結果を報告させるという強制権がある。そうなれば、現存する共同体という枠組みに当てはまり、「ロールズ派の熟考」が登場する余地がある。

結局、二つの過程では、国が中心的役割を担っている。つまり、必要であれば国には、民間部門やロビー活動に公益の目的を尊重させる強制権がある。そして国は、個人の権利と義務の「ファシリテーター」にもなる。国は、国民の汚染活動を規制したり、国民の行動様式を非商業財へと誘導したり、国民を啓発したり、教育したりできる。要するに、「長期の公共財が短期的な私的利益によって侵害されないように注意する」[9]のは、政府の責任なのだ。しかし、国には、国際機関に介入したり、委任したり、委任の適用を管理したり、国際機関を通じて他国へ介入したりする権力もある。

国と国際機関との間のこうしたつながりは、実際には補足的機能限定原則（国際機関の活動事項を各国政府の主権的議決のおよばない補足的活動に限定するという原則）に従うものだろう。つまり、地域的な責任形式は尊重されるが、国が基本的人権に関して機能しないのが明らかな場合には、国際レベルで制御される活動を行なってもよいという原則である。

どの分野に介入するのか

貿易や金融などの分野では、国際的な規制の役割が重要なのは指摘するまでもない。そのような分野は、世界に多大な影響をおよぼし、グローバルな正義の観点を必要とする。第一の義務が「害するなかれ」であるのなら、われわれ自身の（政治および消費に関する）選択が他者にどのような反響をおよぼしているのかを、体系的に自問しなければならないだろう。

だが、必ずしも明快な回答は得られない。たとえば、経済活動を地域市場に引き戻し、国内需要を優先し、輸出と世界市場に関する権限を国に取り戻すなど、「脱グローバリゼーション」を目指す国内政策の場合である。暗黙の「国家主義」は、先進国では少なくとも討論では人気があるが、そうした政策が仮に実行されたのなら、途上国にどのような影響が生じるのかは、あまり知られていない[10]。

国内にとって寛容な政策は、国外に大きな損害を与えることが多い。ヨーロッパの予算配分では、こうしたことがよく起こる。ヨーロッパの農業の補助金の総額は、途上国支援金の六倍に相当する。また、国際貿易や金融における一部の規制（あるいは規制のなさ）は、途上国を貶めており、最貧国の利益と、大企業の利益を追求する貿易政策が矛盾する場合があることもわかっている。多くの分野で生じている技術移転の問題（たとえば、農業や食品産業における新たな種子の問題）は、途上国と先進国の緊張関係を物語っている。途上国にとって、技術移転は有益だが、知的所有権や特許、さらには民間の研究を保護することには正当性があるだろう。

そこで、民間の研究から生まれる（公衆衛生に関する）製品が途上国にとって有益になるような研究に補助金を支給することが考えられる。そうなれば研究が刺激され、研究から生まれる製品のコストは低下するだろう。[11] もちろん、これを実行に移すのは難しい。しかし、一つだけ確かなことがある。すなわち、こうした役割こそ公衆衛生に関してグローバルな視野をもつとされる世界保健機関（ＷＨＯ）のような国際組織が担うべきなのだ。当然ながら世界保健機関は、これらの製品の市場での流通に無関心ではいられないはずだ。国際組織は、誰もが必要不可欠な食品や薬品を入手できるように市場を組織（あるいは推進）するために尽力しなければならないのである。国際貿易は、世界で最も基本的な権利の遵守に影響をおよぼす。よって、国際組織の責務は、正義に照らして人々の基本的権利が遵守されているのかを問いながら、そうした権利を形骸化させない規則を制定していくことである。

同じような疑問は税制にもある。世界では税制が統一されていないために、途上国は外国投資を誘致するために税制ダンピングの誘惑に駆られ、結果的に歳入を失っている。税制を統一することだけが一定の税収を保証するのだ。税制の統一は、ヨーロッパだけでなく世界の重要課題になった。

その間にも、「タックス・ジャスティス・ネットワーク」[12]という団体は、タックス・ヘイヴンの恩恵を最も受けているのはＧ20加盟国政府であると指摘し、だから彼らは課税逃避対策に消極的なのだと糾弾している。開発には安定的な資金が必要だとしても、莫大な量のマネーが課税から逃れているのだ。

　ところで、これらのマネーの徘徊にほんの少し課税すれば、先進国が支援という形で供与している金額を上回る税収が得られる。これは、一九七八年に経済学者ジェームズ・トービンが唱えた、すべての外国為替取引に低率の源泉課税を行なうというアイデアである。その後、ＡＴＴＡＣ〔フランスの社会運動団体〕がこのアイデアを引き継ぎ、現在では国連開発計画（ＵＮＤＰ）などの国際機関がこのアイデアを推進している。こうした原則は欧州連合によっても（二〇一四年末には実施することが）承認された。世界四大通貨の金融取引に〇・〇〇五％課税すれば年間三三〇億ドルの税収が確保できるはずだ。

　これと似たような計画はすでに実現された。二〇〇六年から航空券に対する課税がはじまったのだ。現在、この航空券税はおよそ五〇カ国で適用されている。他にもグローバルな問題に対処するための財源として、グローバルな基金を確保するアイデアがある。トーマス・ポッゲの計画を紹介しよう。それは毎年、直接的（一次産品の製造）および間接的（それらの活動から生まれる製品の消費）に利用されるすべての天然資源の価値に、一％源泉徴収する世界的課税システムの構築である。この税収は貧困撲滅のために充当する。ポッゲによると、地球資源は世界中の人々のものだから、このような徴税が重要なのだという。要するに、途上国にまで拡大したよりグローバルな管理と、課税対象ならびに資金調達の多様化こそが必要な資金確保をより確実かつ公正に行なうための最良の方法なのである。しかも、それは貧者を支援するためだけでなく、先進国の資金を途上国へ移転させるためでもある。というのは、ジョン・ロールズの原則に従えば、先進国の富は、最も恵まれない者たちの利益にならなければならないからだ(13)。

こうしたことの実現のためには、ガバナンスを改善しなければならない。資本主義の原則でもある、私的利益を追求するための個人の自由というルールが支配する自由な領域は、放置できなくなったのだ。グローバルな市場が国に残された政治力に(ますます)勝利するようになれば、一体誰が本質的にグローバルな問題を扱い、それらの解決に適した制度的条件を整えるのだろうか。良心の抵抗も重要だが、それらの制度的条件こそが絶対に必要なのだ。

誰をどのように説得するのか

この点について、二つの疑問が生じる。一つは、人々をどのように説得し、納得した彼らが、今度は自分たちの代表者(そして国)をどう説得すればよいのかという疑問だ。もう一つは、(すべての変革の最終的原動力である)市民社会において、グローバルな正義の概念、すなわち、普遍的人権だけでなく、世界格差の削減も擁護するコスモポリティズムを、どうやって推進していけばよいのか、という疑問だ。

個人の倫理観についてイマヌエル・カントやアマルティア・センをはじめとする多くの哲学者は、公正な社会にするためには公正な機関(そこでは、人々は自分たちが公正な社会と思うような振る舞いをする)が必要なだけでなく、個人の日常的な行動を律する平等な精神が養われなければならないと指摘する。[14] もちろん、自分たちの信条が現実と大きく乖離することを好ましく思う者は誰もいない。そうはいっても、私たちは貧困や格差に憤慨して日常生活においてそれらと戦おうとしても、あまりたいしたことはできない。たとえ自分たちの消費行動の一部が最貧者に悪影響をおよぼしているとわかっても、人々は消費行動を変えるのを嫌がる。そうした人々の態度に対し、哲学者ジェラルド・コーエンは次のような挑発的な問いを投げかけた。「平等に賛成なのに、どうしてあなたはそのように豊かでいられるのか」。

一部の哲学者や経済学者は、人々に寄付するように呼び掛けている。少額であっても世界全体では効果的だという。さらに、哲学者ピーター・シンガーが指摘するように、寄付という善行によって寄付する側も幸福感が得られるので、寄付は全員にとって有益だという……。

ブランコ・ミラノヴィッチによると、金持ちの定義をポルトガルの平均所得（世界レベルでの豊かさの目安であり、平均年収にしておよそ二万五〇〇〇ドル）以上の収入がある者として、この定義に当てはまる金持ち全員が二〇〇ドルの寄付をしたら、貧困は解消されるという。一方、ピーター・シンガーの提案は、全員が所得の一定割合を寄付することだ。所得レベルによって変化するその割合は、専用のインターネット・サイトで計算できる(15)。

裕福な個人に寄付するように促すのは、象徴的な意味をもつだけでなく財源を確保するためにも有効な方法なのかもしれないが、慈善事業だけでは不十分だろう。なぜなら、寄付によって貧困や格差の根底にある構造的な問題が、どのように解決されるのかは判然としないからだ。さらに、倫理観だけに依拠するのは脆弱である。というのは、われわれ自身（あるいは他者）が明確な価値があると考えることであっても、そうした価値観を人々に押し付けることはできないからだ。カントによれば、価値観の多様性が認められる社会では、公正な法律と制度があれば、社会の構成員の徳がどのようなものであっても、社会は公正でありうる。人々を「道徳的にする」のは制度であり、正義が語られるのは制度においてである。しかし、少なくとも民主国家では、社会正義も市民の選択に依存している。よって、個人の倫理的なつながりは必要不可欠であり、また個人の倫理観を独裁的に変更させるのは不可能なため、認知の枠組みと情報レベルに働きかける必要があるのだ。

心理学によると、われわれは自分たちを取り巻く世界を「メガネ」を通じて眺めているという。このメガネにより、私たちの関心はある特定の現象に焦点が定まり、われわれはそれらの一部の現象に対して行動を起こす。つまり、そうした現象を説明する自分の態度や自己の価値観に従うことになる。観察される格差が不正義とみなされる格差であれば、こうした不正義を何とかしたいと願う。ところが、格差の表象は認知という側面だけでなく規範によるものであり、イデオロギーによって形作られる。このようにして表象は正当化されるのだという〔格差には、たしかに認知の側面がある。すなわち、おもな格差は、所得、住居、教育などによるものだ。しかし、格差には規範的な側面もある。たとえば、国の価値観によって、ある種の格差（たとえば、男女格差など）は格差とはみなされないし、格差によっては重要視されないものもある（たとえば、体力的な格差）。また、イデオロギーを帯びた格差もある。それは教育格差から生じる所得格差を認める場合などだ。能力主義というイデオロギーは、教育格差を能力格差と捉える。だが、生まれた環境の偶然だけから生じる教育格差に正当性はないはずだ。さらに、宗教的イデオロギーの場合では、神の意思から格差が生じることにもなる〕。

西洋社会では、それは誰にでも何か取り柄があると示唆する能力主義というイデオロギーである。なぜ一部の人々が貧しいのかを説明する際に、能力主義というイデオロギーは貧しい人々自身に責任があると説明しようとする。たしかに、貧困の原因は、経済情勢（大量の失業の発生は、貧困の社会的原因をより明確にする）やイデオロギー的背景（たとえば、南アメリカ人は、格差の問題にきわめて敏感である）によって変化する。そうはいっても、貧困が最も重要な世界的問題であるという点ではコンセンサスがある。国際的な調査では、八〇％以上の人々がそのような意見をもち、著しい格差があると考えている人々もかなりの割合で存在する。

したがって、貧困の原因、世界経済のグローバルな性質、そうした点に関するわれわれの責任、そして世界経済から生じる分配的正義に関する義務に関心を抱く土壌は整っている。有限性のある地球において、極貧や著しい格差の解消は、われわれ先進国の国民の利益にもなることも忘れてはならない。なぜなら、それらが解消される際には、世界中の人々の環境問題に対する理解が深まるからだ。

二〇一一年の国連開発計画の報告書に掲載されたアンケートによると、気候変動の進行は深刻な脅威だと考える人の割合は世界人口の四〇％、気候変動の進行の原因は人類の活動だとみなしている人の割合は世界人口の四四％だという。

もちろん、それらの数値は国によって大きなばらつきがある。教育水準が高まるにつれて情報量も増えるため、教育水準が高い先進国では高い数値を示している。だが先進国においても、貧困と格差の関係と、貧困と環境問題の関係は明らかにされていない。世界格差の原因と影響を明らかにすれば、世界の見通しを進化させるための行動視野は広がる。そのためには、当然ながら教育が必要だ。ここでいう教育は、物理学的意味での環境に関する教育だけにとどまらず、世界的視界から自分の暮らしを見直す教育も含まれる。自分自身の生活様式、消費活動、それらの根底にある欲望について疑問を抱かせる教育が必要だ。

このような啓発は、堅固な実証基盤に基づかなければならない。この点に関し、貧困(そして豊かさ)そしてあらゆる種類の格差を、正義の観点からそれらが意味するだろうことを含めて把握するために、新たな指標を開発し、拡散させることが不可欠である[16]。なぜなら、われわれは利用できる数値によって現実を解釈するからだ。

したがって、世界格差を把握するさまざまな手法の意味を説明し、(たとえば)国富はGDPだけでは測れなくなったと納得してもらうことが重要である。実際に、中位所得が低下しても、さらには災害によっても、一人当たりのGDPは増えることがある。よって、GDPの数値は、繁栄や発展と思われることを必ずしも表しているわけではないのだ。

先進国にはびこる貧者や格差に関する運命論を払拭するには、外国の事例を学ぶのも有益かもしれない。たとえば、ブラジルでは一九九五年に一定の条件下で貧者を資金援助する計画がスタートした（子どもの教育に投資するという条件で、家族を支援する「奨学金」の支給制度）[17]。もちろん、このような事例は完全なものではないが、予算と時間が限られていても、政治は貧困を削減し、格差を縮小できるのだ。

情報は異論の余地なく効果的なツールである。よって、論拠ある伝達はきわめて重要だ。なぜなら、世界格差は個人が直接経験できるものではないからだ（環境問題もほぼ同様）。科学的調査を行なわなければならない。「気候変動に関する政府間パネル（ＩＰＣＣ）」によると、科学的調査により、市民社会は一部の問題に関する見方を変化させたという。それらの問題を政治の場に持ち込むのは可能なのだ。いうまでもなく、科学的真実を前面に押し出すだけでは、世論は動かない。とくに、過激な方法や極端に悲観的な見方を表明すると、相手は、否定したり自己の殻に閉じこもったりしてしまう。さらに、選挙で選ばれた政治家よりも専門家を頼りにする「エコロジー民主主義[18]」というリスクに陥ることも考えられる。だが、人々の（とくに将来の）資源を推論する方法や、自分たちが利用する説明のあらましが、きわめて重要なことに変わりはない。

したがって、社会経済的な事実に関する考え方が変化し、それらの事実が環境問題と密接な関係にあるとわかれば、人々のものの見方は変化する。人々のものの見方の変化は、社会が変化するための効果的な原動力である。というのは、推進すべき政策に関して、人々のものの見方と信仰は世論に影響をおよぼすからだ。たとえば、貧困の説明のされ方によって、再分配政策に対する人々の支持は変化する。(19) 貧困が能力によって説明される場合よりも、出生の偶然によるものだとみなされる場合のほうが、再分配政策に対する支持は、はるかに大きくなる。こうした事情は国内にも世界にも当てはまる。先進国の国民に対し、行動を起こすように説得し、とくに先進国の政府に世界的な再分配政策に取り組むように促すには、私たちの途上国との相互依存と、途上国の貧困に自分たちも関わりがあることを認識する必要がある。

しかし、社会的エリートや政治家たちは、エコロジーに関してかなり無知であり、目先のことだけに傾注しやすい。彼らを説得するのをあきらめるのではなく、アマルティア・センが公的な活動キャンペーン、メディア、公開討論などの役割を強調しながら著書『正義のアイデア』の終わりで提唱しているように、「公的な論理」を喚起することも重要だ。発展のためには世界政府は必要でないと考えるアマルティア・センは、彼の祈願である「世界国家のない世界的な民主主義」の樹立を目指すために、「地球規模の対話」に大きな期待を寄せている。彼によると、言語道断な不正義をなくすことが各国の優先課題になるには、世界共同体という意識と大規模な民主的討論を漸次推進していけばよいという。
実際に、現実主義者のユートピアともいえるこうした観点に賛同するとしても、政府を頼りにせざるをえないだろう。アイデアを拡散することが重要なのは確かだが、行動に移さなければならない。強制力のある政策を打ち出すには、政府の力が必要になる。つまり、一貫した政治が必要不可欠なのだ。しかし、一般の人々や市民社会が強い関心をもたなければ、こうした観点が実行に移されるチャンスはまずないだろう。

原注

（1）二〇〇〇年に国連が定めた（二〇一五年までに達成させる）目標は、極貧と飢餓の撲滅、初等教育の一般化、乳幼児死亡率の削減、エイズとマラリアの蔓延防止、持続的な環境の確保である。
（2）前掲書、アマルティア・セン『正義のアイデア』池本幸生訳。
（3）途上国の開発支援の可能性と限界に関する分析は、次を参照のこと。Serge Michailof et Alexis Bonnel, *Notre maison brûle au Sud. Que peut faire l'aide au développement ?*, Paris, Fayard, 2010.
（4）前掲書、ジャン＝ポール・フィトゥシ、エロワ・ローラン『繁栄の呪縛を超えて』林昌宏訳、一一八頁。

（5）前掲書、Jean Gadrey, *Adieu à la croissance*. 次も参照のこと。Fabrice Flipo, « Décroissance : le poids des mots, le choc des idées », 2009, consultable sur http://www.journaldumauss.net/

（6）世界政府に関するフォーラム（http://www.world-governance.org/?lang=en）。

（7）Thierry Pech et Marc-Olivier Padis, *Les Multinationales du coeur,* Paris, Seuil/La République des idées, 2004.

（8）Dominique Bourg et Kerry Whiteside, *Vers une démocratie écologique*, Paris, Seuil/La République des Idées, 2010, p.76.

（9）Tim Jackson, *Prospérité sans croissance*, Bruxelles, De Boeck, 2010, p.167.

（10）この問題については次を参照のこと。ATTAC, « Démondialisation et altermondialisation sont deux projets antagoniques », www.france.attac.org.

（11）Thomas Pogge, *Politics as Usual,* Cambridge, Polity, 2010.

（12）次のサイトを参照のこと。www.taxjustice.net. また次も参照のこと。Mattie Kohonen et Francine Mestrum, *Tax Justice*, Londres, Pluto Press, 2009.

（13）マイクロファイナンス（Esther Duflo, *La Politique de l'autonomie,* Paris, Seuil/La République des Idées, 2010）や被支援者のエコロジー活動を促すための報酬が考えられる。また、資本に対する世界的な累進課税の導入も考えられるだろう（Thomas Piketty, *Le Capital au XXIe siécle*, Paris, Seuil, 2013）。

（14）Gerard Cohen, *Rescuing Justice and Equality*, Harvard, Harvard University Press, 2008. そして前掲書、Alain Renaut, *Un monde juste est-il possiblee ?* p.169, et sa défense d'un « ressort fraternitaire ».

（15）Peter Singer, *Sauver une vie*, Paris, Michel Lafon, 2010, http://www.thelifeyoucansave.org/

（16）Jean Gadrey et Florence Jany-Catrice, *Les Nouveaux Indicateurs de richesse*, Paris, La Découverte, 2007. 前掲書、Dominique Méda, *La Mystique de la croissance*.

（17）Valéria Pero, « Bolsa Familia : une nouvelle génération de programmes sociaux au Brésil »; *Ceriscope Pauvreté*, 2012 (consultable sur http://ceriscope.science-po.fr/)

（18）前掲書、Dominique Bourg et Kerry Whiteside, *Vers une démocratie écologique*.

（19）前掲記事、Malte Lubker, « Mondialisation et perceptions des inégalités sociales ».

結論　地球を共有する

数十年前から個人主義や物質主義の猛威が吹き荒れている。だからこそ、政治課題として、そして社会生活において、正義を早急に再考すべきなのだ。要するに、私たちは自分たちの利益のためにしか行動を起こさないのだろうか。自分たちの想いや信念に従い、自己の利益に反してでも行動することはないのだろうか。私たちは際限のない物欲に（病的に）苛まれているのだろうか。あるいは、一定の水準を超えると、われわれの幸福は物質よりも社会的つながりと環境の質に依存することを自覚していないのだろうか。

基本的な倫理的考察を怠り、地球の有限性だけでなく自分たち自身の利益も考慮すれば、環境を破壊し続け、大勢の他者に対して常に社会的不正義を押し付けて、一部の者だけが繁栄する世界を拒絶すべき時期が来たと認めざるをえないだろう。格差を縮小させた世界を目指すのは急務であり、それは可能だ。これまでとは異なる、全員がともに暮らせる社会モデルを提唱すべきだ。それは富裕層にとって、これまでよりも経済成長の低い、非物質的な社会であり、国境での緊張は緩和され、貪欲や有害な競争が横行しない世界である。要するに、格差にあまり蝕まれていない平和な世界であり、直視できる世界である。そのような世界であれば、私たちは再び夢見ることができるだろう。

なぜなら、（討議、改良、制御された）グローバリゼーションは、グローバルな共同体、つまり、同じ世界に帰属していると定義される人類共同体という考えに、本当の中身を与える第一段階になるからだ。そのためには、われわれが共有する自然や「世界的公共財」に対する心配を超越した「エコロジーという大きな物語[1]」を再び語る必要がある。この物語は、本来の意味でのイデオロギー、つまり、大規模に人々を喚起できる世界観と未来像を構成する計画によって紡ぎだされる。

こうした見通しが短期的および中期的な葛藤を引き起こすことは、覚悟しなければならない。具体的にどのように運営すればよいのか。超富裕層と極貧層が共存する人類共同体とは、どのようなものなのか。格差が広がれば広がるほど、格差を削減するための合意は得にくくなる。格差削減は、誰もがきちんと暮らせる世界を保全する手段としても、達成が難しい目標としても必要である。そうした格差削減は、戦略的に立ち向かわなければならない力関係に突き当たる。すなわち、格差削減は本来的に政治的挑戦なのだ（格差は、社会に悪影響をおよぼし、前章で述べたように、環境問題を深刻化させる。また、格差から利益を得る人々や国が常に存在するので、格差削減を政治的に解決するのが難しいがゆえに、挑戦なのだ」。

格差削減は困難かつ不確かな挑戦である。われわれが望む公正な世界の概要は、どのようなものなのだろうか。だが、今日の世界が不公平であるのを知るために公正な世界像を詳細に把握する必要はない。（気候変動の問題のように）行動を起こさないと、すぐに耐え難いコストが生じるだろう。格差、ひいては制御不能な移民、気候変動をめぐる諍い、紛争やテロ活動にいたる不満に蝕まれた世界を放置するほど最悪なことはないだろう。そうなれば、われわれの（小さな）世界は居住不能になってしまう。コスモポリタンな社会で暮らすことは不可避であると同時に、これまで以上に大きな喜びをもたらす。そのためには、私たちは、グローバルな正義原則に従ってコスモポリタンな社会をつくり出さなければならないのだ。

原注

（1）Jean-Paul Bozonnet, « Les métamorphoses du grand récit écologiste et son appropriation par la société civile », *Revue d'Allemagne et des pays de langue allemande*, 39, n°3, 2001, p.311-342.

解題――グローバル正義論に関する覚書

井上　彰

格差が世間の注目を集めている。そして、格差がどういう点で問題なのかが、今日における規範理論の中心的論点となっている。その端緒は、本書でも多く言及されているジョン・ロールズである。ロールズの主著『正義論』（一九七一年）は、二〇世紀以降の規範理論において最も影響力のある作品である。『正義論』が世に問われて以来、規範理論において格差をめぐってさまざまな議論が提起されてきた。その主要な議論は、本書の、とくに第二章で扱われている。

この解題では、本書の理解を深めるために、著者のM・ドゥリュ＝ベラが詳しい説明を施していない規範理論を中心に、ロールズ『正義論』およびそれとの批判的格闘を通じて発展してきた理論の歴史について解説する。そのうえで、グローバルに広がる格差を検討対象とするグローバル正義論の論争状況を整理する。最後に、本書のグローバルな格差についての規範理論と実証研究を統合する試みについて考察する。

一　ロールズ正義論とその批判的継承

(1) ロールズの『正義論』

本書でロールズは「道徳哲学の領域で中心的な役割を果たす」と紹介されている。その役割を決定的なものにしたのが『正義論』(Rawls 1971) である。ロールズは、アメリカにおけるリベラルな平等主義――もう少し党派的な言い方をすれば「リベラル左派」――を代表する哲学者であるとみなされることが多い。ロールズの議論が一九六〇年代アメリカの公民権運動やベトナム反戦での良心的兵役拒否――いわゆる市民的不服従の実践――と親和的だったことにくわえ、『正義論』において、誰もが受け入れると思しきリベラルな平等主義の基本的な考え方を、具体的な正義の構想として提示したからである。すなわち、誰もが自由で平等な存在であり、そのことを尊重し、すべての人を等しく遇することが道徳的に重要だという考え方である。後にロナルド・ドゥオーキンが「平等な尊重と配慮を受ける権利」として提起し、ウィル・キムリッカによって「あらゆる説得力のある政治理論の同一の究極的価値」として特徴づけられたものである (Kymlicka 2002, pp. 4-5　邦訳五～八頁)。

重要なのは、ロールズがリベラルな平等主義の基本理念から、どのような正義の具体的構想を提示したのか、である。このとき問われるのが、その基本理念を具体化する際の背景的前提である。一つは、われわれの社会には稀少な資源をめぐっての利害衝突がある、という事実だ。この事実には二つのことが関係している。第一に、資源が限られていること、第二に、われわれの利他心には限界があり、だからこそ互いに無関心になって自分の生き方を追求することに合理性が見出されること——ロールズが「正義の環境（circumstances of justice）」と呼ぶもの——である（Rawls 1971, pp. 126-130 邦訳一七〇～一七四頁）[1]。

その一方で、われわれが社会のなかで協力すれば、単独で生きるよりははるかに多くの利益が得られるという事実も無視できない。裏を返せば、そうした協力への動機が、相互に利益をもたらす社会関係を背景に、「正義の環境」に制約づけられながらも人びとが互いに手を取り

（1）ロールズは後に、利他心の限界をふまえた相互無関心の合理性よりも、「多元主義の事実（the fact of pluralism）」、すなわち、生き方の価値を形作る宗教的・道徳的信条が互いに通約不可能で、その価値に訴えるばかりでは衝突が起こってしまう状況を、「正義の環境」の主たる構成要素として提示するに至る（Rawls 1993, p. 66; 2001, pp. 84-85 邦訳一四八～一五二頁）。この根源的多様性（を人びとが公的にわきまえているという事実——ロールズが「理に適った多元主義の事実（the fact of reasonable pluralism）」と呼ぶもの——）は、二（1）で検討するロールズの国際正義論の重要な背景ともなっている。

合い（互恵性）、より安定的にその利益を享受しうる社会的協働（social cooperation）を支えるのである。だからこそ、われわれはそうした秩序ある社会（well-ordered society）を安定的に支える正義原理、すなわち、社会を統御する原理としての正義を求めるのである。

では、自由で平等な存在として等しく尊重・処遇されることを望むわれわれは、いかなる正義原理であれば理に適ったものとして受け入れるのだろうか。まずわれわれは、社会的協働の利益や負担を公正に分配する仕組みを支えるものでなければ、正義の原理として受け入れないだろう。その仕組みは、抽象的には人びとの基本的な権利や義務を適正に割り振るものになる。具体的には法システムや民主的な政治制度、さらには市場社会の公正なあり方を示すものになる。もちろん正義は権利や義務を割り振るものである以上、強制力を伴い、現行の制度や慣行はしかるべき改革の対象ともなりうる。とどのつまり、正義は人びとに権利を保障する一方で、義務を課す強制力を反映する社会の仕組み・制度のあり方——社会の基本構造（basic structure）——を明らかにするものでなければならない。つまりロールズにとって正義は、われわれが広く影響を受ける基本構造を対象にしたものなのだ（Rawls 1971, pp. 7–11 邦訳一〇〜一六頁）。ロールズの議論が、制度主義（institutionalism）や関係主義（relationism）と言われる理由は、こうした側面からである。

ロールズを有名にしたのは、社会の基本構造を安定的なものにする原理を導き出す推論である。すべての人が理に適ったものとして受け入れられる原理を導き出すためには、特定の誰かに利することがわかっている状況で採択されるものであってはならない。そこでロールズは、本来的に自由で平等な者が契約当事者となって社会を構成するという社会契約論の伝統に則って、人びとを平等な初期状況に置く原初状態（original position）の構想を提案する。原初状態では、原理の採択手続きを偏りのない――不偏的な（impartial）――ものにするために、われわれを無知のヴェール（veil of ignorance）の背後に置く。無知のヴェールによって、自分の生まれつきの能力や社会的地位についての情報が剝奪され、「正義の環境」や社会関係に関する知識といった、人間社会の一般的事実のみが知られる状況がつくられる。

　この原初状態の手続きを踏むことで、能力的にも社会的地位の観点からも恵まれていない人たちであっても受け入れられる原理の選定が可能となる。なぜなら原初状態の当事者は、無知のヴェールにより自分が最も不遇な者である可能性を重く受け止めるからである。このようなかたちで、生まれや育ちといった自然的・社会的偶然性を道徳的な観点からみて恣意的な（morally arbitrary）ものとして可能な限り除去すべきとする理念――「公正としての正義（justice as fairness）」――とともに、その理念を具体化する原理選定手続きが示されるのである（Rawls 1971, pp. 17–19　邦訳二五～二八頁）。

　以上の手続きを通じて導き出されるのが、正義の二原理である。第一原理は基本的諸自由

――選挙権や被選挙権といった政治的自由、言論・集会・結社の自由、不当逮捕や私有財産の理由なき没収を拒否する自由――を等しく最大限保障することを謳う。第二原理は、社会・経済的不平等は次の条件の下で正当化されることを謳うものである。すなわち、(a)最不遇者に最大限の利益が行きわたる事態が望ましいとする格差原理と、(b)さまざまな職位や立場に就くチャンスは、出身階層に関係なく開かれるべきとする公正な機会均等原理から成る条件である。

正義原理の適用には二つのルールが支持される。一つは、第一原理は第二原理に優先するという第一の優先ルールである。もう一つは、第二原理(b)は第二原理(a)に優先するという第二の優先ルールである。この二つの優先ルールとも、基本的諸自由や公正な機会が（十分には）保障されないことが社会・経済的平等によって補塡される事態を、自由で平等な存在であるわれわれが理に適ったものとして受け入れないことをふまえて謳われるものである（Rawls 1971, pp. 298-303　邦訳三九八～四〇五頁）。

さてここまで来て、ロールズの正義論が現実離れしている印象を覚えたかもしれない。実際、ロールズの正義論の主題は、大きな不正義やカタストロフィに見舞われない理想的な状況において、自由で平等な者が厳格に遵守しうる正義原理を明らかにすることである。ロールズはこの主題に向き合う理論を理想理論（ideal theory）と呼び、人びとが正義原理を部分的にしか遵守していない、あるいはまったく遵守していない、より現実的な状況で問われる理論を非理想理論（non-ideal theory）として位置づける（Rawls 1971, pp. 245-246 邦訳三三〇～三三二頁）。市民的不服従の正当化をめぐる議論や、悪事や犯罪に対する刑罰や賠償の理論などが、そうした非理想理論の典型例である（Simmons 2010, pp. 16-17）。重要なのは、部分的遵守ないし非遵守な状況では、さまざまな不正義が生じることが避けられないため、どのような不正義なら許容されるのかが問われてくる点だ。ロールズはそれを見極めるためにも、理想理論に準拠して正当化される正義を構想しなければならないと考える。つまり、正義の二原理は現実世界の不正義論たる非理想理論の規準となりうる、というのがロールズの考えである。

(2) 運の平等論とセンの正義論

公正としての正義の考え方をロールズの正義論以上に推し進めたのが、運の平等論（luck egalitarianism）である。運の平等論は、生まれ育ちといった自然的・社会的偶然性を道徳的に恣意的なものとみなす点で、ロールズと立場を同じくする。だがロールズとは異なり、公正の射程が原理選定の手続きや社会的協働の前提となる関係性や制度の是非に限定されない立場をとる。公正の射程が原理選定の手続きに限定されない理由は、格差原理のように最不遇者に最大限の利益が行きわたるだけでは、たとえば心身の障碍を抱えているだけでは社会経済的に最不遇者とはみなされず、十分な対応が受けられない恐れがあるからだ（Dworkin 2000, p. 113

邦訳一五七〜一五八頁)。また、公正の射程が社会的協働を可能にする制度に限られない理由は、強制力の執行を前提とする基本構造のみを公正な判断の適用対象としてしまうと、非強制的な慣習や慣行などの日々の選択行為に関わるもの(たとえば性差別的な家族構造)は、正義の埒外に追いやられてしまうからだ(Cohen 2000, pp. 139-140 邦訳二五〇〜二五二頁)。運の平等論者は、ロールズのフレームワークではこうした自然的・社会的偶然性の要素が十全には配慮されていないことに鑑み、あらゆる局面で公正の判断が効力を発揮する正義構想の定立を目論むのである。

その定立にあたって用いられるのが、自然的運(brute luck)の概念である。予測および計算可能で回避しうるリスクを意味する選択的運(option luck)と異なり、自然的運はいかなる熟慮ある行動によっても回避しえないリスクを意味する(Dworkin 2000, p. 73 邦訳一〇五頁)。選択的運の典型例はギャンブルで、自然的運の典型例は天変地異や先天的障碍である。このことからもわかるように、自然的運は自然的・社会的偶然性を含意する。運の平等論は、その代表的な論客G・A・コーエンが「自然的運は、正しい平等の敵である」と高らかに宣言したように(Cohen 1989, p. 931)、自然的不運を道徳的に恣意的なものとして排除することを正義の目標とするのだ。

もっとも自然的運をどのように排除するかは、運の平等論者によって異なる。たとえばドゥオーキンは、自然的運を選択的運に変換する保険の考え方――より正確には、保険を掛ける機会を等しくするという考え――を提示している（Dworkin 2000, chap. 2 邦訳第二章）。また、コーエンやリチャード・アーネソンは、福利を改善する有効な選択肢群をすべての人に等しく保障する平等構想を展開する（Arneson 1989; 1990; Cohen 1989）。いずれにしても、道徳的な観点からみて恣意的な自然的運を可能な限り排除するスキームを正義の構想として提出している点では共通している。(2)

運の平等論が、ロールズの主張する公正としての正義の徹底化を図る立場として位置づけられるとすれば、アマルティア・センの正義論は、ロールズが原初状態の構想を打ち出す際に重視した不偏性の観点をより徹底的に追求したものだと評価しうる。

センは、個人の判断を集計して、社会をどのように集合的に評価しうるのかに注目する社会

(2) 運の平等論については、選択的運と自然的運の区分が程度問題になってしまうことや、自然的運のみを正義の目標とすることの反平等主義的性格（たとえば、選択的不運の場合には、それによって瀕死の状態に陥ったとしても当人の責任範疇に入れてしまう点）、さらには、自然的運の緩和が必ずしも相対的な均等配分を保障しない点など、さまざまな批判が投げかけられている。私は別稿で、そうした批判も含めて、今日の運の平等論をめぐる論争状況を整理・検討したので、興味がある方はそちらを参照されたい（井上 二〇一五、二〇一六、Inoue 2016）。

的選択理論の発展に大きく寄与した人物である。その社会的選択理論が正義論を構想するうえでどのような含意をもちうるのかを明らかにし、ロールズ正義論の限界を乗り越えようとしたのが『正義の観念』（邦題『正義のアイデア』）である（Sen 2009）。センは、われわれが理性を働かせて自分と異なる他者がどのような判断を下すのかを想像したり、実際に他者と理性的に討議——熟議（deliberation）——したりすることを通じて、正・不正の判断が自分や身近な者だけでなく完全なる部外者にも受け入れられるものにすることの重要性を説く。そういう意味でセンは、ロールズと同じく、自分が有利になるような偏狭な判断から逃れて、他者の利害をも考慮しうる立場が正義の構想を支えると説く。その一方でセンは、ロールズのように不偏性の適用範囲を定めたり、特定の社会関係や基本構造に限定したりすることには、運の平等論者と同様、批判的である。なぜなら、不偏的判断や手続きの対象が特定の社会関係や制度に限定されると、そこからあぶれる事象や存在への配慮が不十分なものとなりかねないからだ（Sen 2009, chap. 6　邦訳第六章）。

センによれば、そうした限定によって捉えきれなくなってしまう事象や存在にこそ、現実世界の不正義——それも喫緊の対応が求められるもの——が関わっている。ロールズのように、完全に公正な社会を描き出すための、まさに理想理論としての正義論の構築のためのものとして不偏性の要請を位置づけてしまうと、不正義を訴える声が聞こえにくくなり、場合によっては無視されてしまう。センはこうした「超越論的制度主義（transcendental institutionalism）」に拘泥するロールズ（以降の）正義論を批判し、誰もが好ましくないと考える不正義の回避を目指して、あらゆる人の声に耳を傾ける公共的討議を正義論の根幹に据える議論を展開する。

その際センは、仮にすべての選択肢の評価について合意に達しなくても、優先順位が明白な選択肢に関しては部分的に共有する仕方で社会的に順位づけられるとする社会的選択理論で培った知見が、正義論に大いに生かされると考える(3)。たとえば、飢餓や非識字が蔓延している状態の解消を正しいとする判断は、国境を超えてあらゆる人の理性的合意に基づいて支持されるだろう。となれば、人びとが理想的な状況下で遵守しうる正義原理によって、すべての選択肢

（3）このとき順位づけの最も適切な指標としてセンが考えるのが、センの代名詞ともなっている「潜在能力（capability）」である。潜在能力は、人間の実際の、もしくは、潜在的な「機能（functioning）」の組み合わせを意味するもので、栄養状態や移動といった基本的なものから、読み書きの能力といった高度なものも含めて人がもちあわせている（もちあわせているべき）ものである。重要なのは、そうした組み合わせの多様性であり、どの組み合わせが福利や自由をよりよく実現するかは人それぞれである点だ。

たとえば、同じ機能の組み合わせであっても、健常者と障碍者で福利の達成度や自由の機会が大きく異なってくることは大いにありうる。潜在能力はそうした違い（多様性）を反映しうる指標である。詳しくは、センの議論および若松良樹による優れた研究を参照されたい（Sen 1992, chap. 3 邦訳第三章、2009, part III 邦訳第Ⅲ部、若松 二〇〇三、第三章）。

を規範的に評価するロールズのスキームは必要でなくなる。センはこうした比較によるアプローチ（the comparative approach）の観点から、あらゆる境界の線引きから自由な「開かれた不偏的推論」を自身の議論の要諦とするのである（Sen 2009, chap. 18 邦訳第一八章）。

このセンの議論は、国境を超えてグローバルに広がる格差と、その格差を際立たせる貧困問題への対処を求めるものとなっている。遠くの見えない他者の声に耳を傾ける公共的討議のフレームを実践的なものにするためには、国際機関や市民組織、ＮＧＯ、そしてメディアがデモクラシーをグローバル化する役割を果たす必要がある。センの正義論において謳われるグローバル・デモクラシーは、そうした実践的含意を強くもちあわせた正義の具体的構想として位置づけられる。

二　グローバル正義論の対立軸

（1）国家主義

前節の（1）で確認したように、ロールズによれば、リベラルな平等主義の考え方からは、正義の二原理から成る分配的正義の構想を導くことができる。しかし、それは国家の枠内に限定しての話である。実際、『正義論』の主要な議論は、社会的協働を可能にすると当事者が考える社会関係の自足的システムを前提にしている（Rawls 1971, pp. 7-8　邦訳一一頁）。その理由は、サミュエル・フリーマンが指摘するように「社会・政治的諸関係を適正に統御する原理は、統御されるべき種々の制度や実践に依存しており、こうした原理はそうした制度や実践の機能とそれら制度や実践に対する人びとの認識にとって中心となる観念を基礎に『構築』されるべきものである」と考えていたからである（Freeman 2007, p. 270）。すなわち、正義の二原理のような分配的正義は、濃密な社会関係とそのことを認識する人びとの存在なくしては成立しえない、というわけだ。

　当然ながらロールズも、国境を超えて成立する正義が存在しないとは考えていない。ロールズ自身、宗教的なものを中心に、思想文化や伝統の多元性・多様性を所与として、公正としての正義で示される手続きに則って国家間に適用される現実主義的な正義の構想を析出しようとする。[4] それは、国際法や国際取引の歴史をふまえて構成される八つの原理——諸人民の法（the law of peoples）——を出発点とし、互いに通約不可能な価値観や信条が存在するという根源的多様性をふまえたとしても、さまざまな国から遵守がとりつけられる正義の構想の提案である。

一　諸人民は自由かつ独立な存在であり、その自由と独立は、他国の人民からも尊重されなければならない。
二　諸人民は条約や協定を遵守しなければならない。
三　諸人民は平等であり、拘束力を有する取り決めの当事者となる。
四　諸人民は不干渉の義務を遵守しなければならない。
五　諸人民は自衛権を有しているが、自衛以外の理由のための戦争を開始するいかなる権利も有さない。
六　諸人民は人権を尊重しなければならない。
七　諸人民は戦争の遂行方法に関して、一定の制限事項を遵守しなければならない。
八　諸人民は、正義に適った、ないしは良識ある政治・社会体制を含むことができないほどの、不利な条件の下で暮らす他国の人民に対し、援助の手を差し伸べる義務を負う。
（Rawls 1999, p. 37　邦訳四九～五〇頁）

この諸人民の法では、国境を超える社会経済的不平等が国家の自律性を背景に（基本的な平等の権利に反しない限り）許容される一方で、一定の協働が求められる。たとえば、リベラルな諸国には、公正な貿易を保護する国際機関や借款を可能にする制度、そして国際連合に相当するような組織への貢献が求められる（Rawls 1999, pp. 42-43　邦訳五七～五九頁）。また、人権を守る良識は備わっているものの、歴然とした階層社会を保持する社会に対しては、第四原理で謳われる相互尊重の原則の下、内発的な変革を期待する仕方での寛容な態度を求める（Rawls 1999, part II　邦訳第II部）。以上が理想理論上の、すなわち、諸人民の法を厳格に遵守しうる諸国を対象としたロールズの議論である。

しかし、グローバルな社会で問われるのは、非理想理論的状況、すなわち、諸人民の法が部分的にのみ遵守されるか、もしくはまったく遵守されない社会への対応である。ロールズは二つの理念型を想定し、どのように対応すべきかについて次のように議論する。

（4）もっとも、そうした国際正義の構想を構築する目的は、「リベラルな国家の人民と良識ある国家の人民から成る世界規模の社会はいかにして可能かを説明すること」である（Rawls 1999, p. 6　邦訳七頁）。それは、リベラルな国家の外交政策に対する指針となりうる国際正義の構想を提出することを理論的動機とするものである。

そのこともあってロールズは、リベラルな諸国の人民を代表する第二の原初状態の構想に沿って議論を進めている。第二の原初状態の当事者は、自国の領土の大きさ、人口、そして比較優位となるものも知らない状態に置かれるが、立憲主義体制に適合する条件が整っていることについては知らされている（Rawls 1999, pp. 32-33　邦訳四二～四五頁）。すなわち原初状態の当事者は、あくまでリベラルな社会の代表者なのである。したがってロールズの国際正義論は、非リベラルな国家も代表的主体として扱うグローバルな正義原理の構築を目的としたものではない（Nagel 2005, p. 134）。

第一に、秩序ある社会へと移行するために必要な諸々の資源に欠く国——重荷に苦しむ社会(burdened societies)——に対しては、リベラルな側の援助が義務づけられる(第八原理が発動する)。しかしその援助義務も、被援助国が秩序ある社会へと自分たちの手で移行しうるための過渡期の原理であって、その社会固有の文化や歴史を踏みにじるものであってはならない(Rawls 1999, pp. 105-113 邦訳一五四~一六五頁)。

第二に、人権を侵害する、好戦的で拡張主義的な無法国家に対しては、第六原理を根拠にリベラルな諸国および良識ある国々の人民が介入を行ない、場合によっては第五原理と第七原理に従って自衛のための交戦権を行使することも容認される(Rawls 1999, pp. 79-81, 89-93 邦訳一一五~一一七、一三二~一三八頁)。

このようにロールズの国際正義の構想は、国家の枠内に適用される分配的正義の構想と比べるときわめて限定的なものとなっている。なぜなら、国の発展にはその国の政治文化が大きく作用するのであって、その要因を抜きにして社会経済的繁栄や資源配分を検討することなど考えられないからである。

ある国の人民に富がもらされる要因、そしてその富がとる形態は、その国の政治文化、および、政治的・社会的諸制度の基本構造を支える宗教的・哲学的・道徳的伝統、くわえて、その国の構成員の勤勉さや協調的才能によって変わるものであり、またこれらすべてが、その人民が有する数々の政治的徳性によって支えられているのである。……ごくマージナルなケースを除けば、適理的かつ合理的な仕方で組織され、統治されているにもかかわらず、あまりに稀少な資源しかないために、秩序ある社会となることができないといったケースは、世界中のどこをみわたしても存在しない。歴史上の例が示すように、資源の乏しい国が大きな成功を収めているケースもあるし（たとえば日本）、資源の豊かな国が深刻な困難を抱えている場合もあるように思われる（たとえばアルゼンチン）。このような違いをもたらす決定的に重要な要素は、政治文化、その国の政治的特性と市民社会、メンバーの誠実さと勤勉さ、そしてイノベーションを行う力などである。（Rawls 1999, p. 108　邦訳一五七～一五八頁）

したがってロールズに言わせれば、諸人民の法の背景となっている根源的多様性の事実さえ、特定の国家の人民が共通の公共的・市民的生活に参加しているという事実を否定するものではないし（Rawls 1999, p. 111　邦訳一六二頁）、その事実は国境線の歴史的恣意性をも凌駕する重みを有しているのである（Rawls 1999, pp. 38-39　邦訳五一～五二頁）。

このロールズの考え方は、今日「国家主義（statism）」と呼ばれる立場を代表している。国家主義は、国家の枠内に適用される分配的正義の構想を支持するが、それがグローバルにも適用されることを否定する——場合によっては危険視する。たとえば、トーマス・ネーゲルは統治を可能にするための実効的条件、すなわち、メンバーシップの共有・制度・実践なくして、強制力の執行を前提とする分配的正義は成立しえないと考える。なぜなら正義は本来、集合的フレームワークに課されるものであって、そのフレームワークに基づく集合的意思決定の内容にたとえ同意しなくても、その決定に従う人びとの存在を前提とするからである（Nagel 2005, p. 140）。

また、デイヴィッド・ミラーによれば、分配的正義は、国家の自律的決定とそれに伴う責任およびその継承や割り当てによって成立するものであって、その背景を成すナショナル・アイデンティティに条件づけられる。「グローバルな正義というものは、それぞれが相当程度の政治的自律性を正統に要求しうる、文化的独自性を有する国民国家によって構成されている世界にとっての正義として理解されなければならない」、というわけだ（Miller 2007, p. 278 邦訳三三六頁）。

このように、ネーゲルはより形式的に、ミラーはより実質的にメンバーシップの共有なり特徴なりを強調する。しかしそれぞれの主張とも、分配的正義には厚みのある社会関係が不可欠であるとする点で共通している。重要なのは両者とも、そうした社会関係が国境を超えては成立しないと考えるロールズの議論を引き継いでいる点だ。もっとも、ロールズやネーゲル、ミラーは、人権やそれに基づく人道的介入や援助の道徳的重要性を否定していない（Rawls 1999, pp. 78–81 邦訳一一三〜一一七頁；Nagel 2005, pp. 118–119; Miller 2007, chap. 7 邦訳第七章）。彼ら国家主義者が軒並み否定するのは、人権に基づく人道主義的考慮に基づく介入以上の分配的正義の義務が国境を超えて成立する、という見立てである。

（2）コスモポリタニズム

国家主義とは対照的に、分配的正義の構想は国家の枠内に限定されずに、グローバルにも適用されるという立場をとるのがコスモポリタニズムである。その立場を代表するのは、トーマス・ポッゲである。ポッゲは、現行のグローバルな社会経済体制（の歴史）をふまえると、GATT・WTOといった国際機関が後押しするかたちで先進国の関税障壁や非関税障壁等が許容されている（た）ことで、途上国の自立的な経済発展が大きく妨げられていると主張する（Pogge 2008, pp. 19–23 邦訳四三〜四八頁）。それゆえ先進国の住民は、途上国の住民に対し（間接的にせよ）加害行為を働いていると解釈しうる。となれば先進国の住民は、特段の理由なくして誰にも危害を加えてはならないとする消極的義務（negative duty）に違反している。したがって先進国政府は率先して、途上国の貧困にあえぐ人びとに対する人道的な援助義務にとどまらない分配的正義の義務を履行すべく、WTOをはじめとする国際機関の改革やグローバルな資源配当（世界の社会的生産の一％を貧困の撲滅に使う制度）による制度的加害是正措置を行なうのが急務である、と（Pogge 2008, chap. 8　邦訳第八章）[5]。

以上の見方を提示し注目を浴びたポッゲは、コスモポリタニズムの理念について次のように特徴づけている。

三つの要素があらゆるコスモポリタニズムの立場によって共有されている。第一に個人主義、すなわち関心の究極的単位は人間もしくは個人である――たとえば、家系、部族、人種的・文化的・宗教的コミュニティ、民族、国家とかではなく。……第二に、普遍性である。すなわち、関心の究極的単位の地位は、すべての生存している人間に等しく付されるものであって、男性、貴族、アーリア人、白人、イスラム教徒といったその一部に限られない。第三に、一般性である。すなわち、この特別な地位にはグローバルな効力がある。個人は、あらゆる人にとっての関心の究極的単位であって、単に同胞市民や同じ宗教の信者といった人たちにとってだけそうなのではない。（Pogge 2008, p. 175　邦訳二六五～二六六頁）

この三つの特徴を有するコスモポリタニズムの立場をポッゲよりも早い段階で打ち出し、今日においても影響力ある理論的立場、すなわち、「関係主義的コスモポリタニズム（relational cosmopolitanism)」を展開したのがチャールズ・ベイツである。ベイツは、国家の自律性や国家的枠組みと同等レベルの社会的協働はグローバルには不可能だという「常識」を疑う。というのも今日、社会的・経済的・文化的レベルでのグローバルな相互依存関係の進展がみられ、それに伴って制度や慣行が進化してきたからである。そのことをふまえると、社会的協働がグローバルにも成立するとみることは十分可能である。それゆえベイツは、ロールズの正義の二原理が国家の枠内で成立する分配的正義の構想として正当化しうるのであれば、国境を超えても同様の原理を適用しうるとみるのが理に適っていると主張する。その主張を後押しするのが、原初状態の位置づけの変更を迫る議論である。その変更とは、自分の才能や身分のみならず、

（5）このポッゲの議論に対しては、途上国の経済発展が滞っている要因は複合的であり、とくに国内要因を不問に付しては考えられないとするミラーの批判（Miller 2007, pp. 238–247 邦訳二八八〜二九六頁）や、人道的な援助義務の規範性を軽視しているといったトム・キャンベルによる批判（Campbell 2007, pp. 69–73）があり、さらにはポッゲがロールズから継承する制度主義の陥穽を指摘するもの（Tan 2010）など、さまざまな議論が展開されている。邦語で注目すべき研究としては、そうした批判に対しポッゲの制度的加害是正論を擁護する井上達夫の試み（井上 二〇一二、第四章）や、消極的義務の観点のみでは先進諸国のグローバル正義の遵守／非遵守問題を精確には焦点化できないとする上原賢司の議論（上原 二〇一一）、さらには消極的義務の根拠を再考する観点からポッゲと井上の立場を批判する瀧川裕英の研究（瀧川 二〇一四、八九〜九二頁）等がある。

どの国家のメンバーかさえも知らない状態に置かれる、というものである。グローバルな正義原理は、ロールズが想定するような国家的枠組みを前提にした原初状態ではなく、国際的原初状態の構想により採択されるのである。(6)

グローバルな〔正義〕原理はいかにして構築されるべきなのか。適正に解釈し直せば、ロールズの二原理そのものがグローバルに適用しうるとする主張がなされてきた。その論拠は次の通りである。もしグローバルな経済的・政治的相互依存が存在することを証しに、社会的協働のグローバルな枠組みが存在することが示されるのなら、国境に根本的な道徳的意義があるとわれわれはみなすべきではない。国境は社会的協働の範囲とは一致せず、社会的義務の限界を区切るものではない。したがって、原初状態の当事者が自分たちはそれぞれ別の国民社会のメンバーであり、主として自分が属する社会のために正義の原理を選んでいることを知っているとは想定しえない。無知のヴェールは、ある国のシティズンシップに関わるあらゆる事柄に及ぶはずで、それゆえ採択される原理はグローバルに適用されるものとなるはずだ。(Beitz 1979, pp. 150-151 邦訳二二四頁〔括弧内引用者〕)

それでも、国内社会と国際社会では相互依存関係の進展具合や、ロールズやミラーが指摘するように、公共的生活を支える濃密な政治文化の面で違いはある。だがベイツに言わせれば、その違いは理想理論を主戦場とする正義論にとって有意な差とはならない。理想理論としての正義論は、先にみた通り、現実世界にとっての規準となるべきものであって、相互依存の程度や共同体意識の濃密度の違いに影響されるべきものかどうかは明らかではない。そうした違いは、実効的な国際組織が（現状では）存在しないことや、文化の多様性を反映しているかもしれない。だが、理想理論においてそれらの濃密度の違いが重要性をもつとは断定できない。

また、国内よりもグローバルな規模でフリーライダーの問題が起きる可能性にしても、国際社会の現状が（フリーライダー問題を深刻なものにする）ホッブズ的自然状態と同じではない

（6）このベイツの議論は基本的に、グローバルな相互依存関係を前提にしたものである。だがベイツは、仮にそうした関係性がみてとれなくても、ロールズの枠組みに則ってグローバルな分配的正義論を正当化しうると主張する。というのも、国際的原初状態において、万が一グローバルな相互依存関係が濃密なものでない場合でも、天然資源の配分が道徳的に恣意的であると判定しうるからである。それゆえ、そうしたケースでも、基本的ニーズを充足しうる社会経済的能力を育成する公正な機会を保障する原理が採択され、天然資源のグローバルな格差は是正されるべきものとなる（Beitz 1979, pp. 136–143　邦訳二〇六～二一五頁；Caney 2005, pp. 108–109）。つまり、ベイツの議論におけるグローバルな相互依存関係があるという前提を問題視するだけでは、ロールズの枠組みに則ったベイツの議論そのものを打ち崩せないのである（Caney 2005, pp. 112–113）。

ことを考慮に入れなければならない。現在、急激に進展する相互依存関係は、ホッブズ的自然状態からはかけ離れた状態にあるとみてよい。このようにベイツは、国家的基盤をより色濃く特徴づける相互依存の進展具合や濃密度の違いは、分配的正義の原理をグローバルに適用できないことを示唆するものではなく、むしろその原理がグローバルに適用されることの実際的困難性を示すにすぎないと考える（Beitz 1979, pp. 154-161 邦訳二二八〜二三七頁）。

グローバル正義論におけるコスモポリタニズムには、ベイツの関係主義的コスモポリタニズム以外にももう一つ代表的な立場がある。それは、社会的協働の成立如何にかかわらず、分配的正義が国家の枠内にもグローバルにも分け隔てなく適用しうると考える「非関係主義的コスモポリタニズム（non-relational cosmopolitanism）」である。この立場を代表するのはサイモン・ケイニーである。ケイニーは、社会的協働がグローバルにも成立しうるがゆえに国際社会にも分配的正義の構想を適用できると考える関係主義的コスモポリタニズムには批判的だ。そもそもリベラルな平等主義の基本理念を支持する時点で、われわれは「共通の人間性（common humanity）」を道徳的に有意な特性であるとの認識を共有していなければならない。もしその考えが正しければ、原理を万人にあまねく適用する道徳的普遍主義が（何らかの有意な規範的根拠に基づいて否定されない限り）正しいことになる（Caney 2005, pp. 35-40）。

ところで、共通の人間性の「共通（するもの）」とは何か。当然それは、特定のアイデンティティや構想、歴史性に還元されない部分である。するとそこから、われわれが特定のアイデンティティや歴史性に還元されない自由を享受している側面が浮かび上がる。すなわち、市民的・政治的自由といった人権の主たる構成要素とされるものが浮かび上がってくる。もしそれらが人権の規範的根拠と関わっているのであれば、国や文化、人種を超えて人権を保障する道徳的枠組みの正当性も浮かび上がってくるだろう。ケイニーは、それを「正義の範囲に関する第一の議論（Scope 1）」として次のように定式化する

正義の範囲に関する第一の議論：市民的・政治的自由に対する権利の標準的な正当化が含意するのは、市民的・政治的自由に対する人権の存在である。（Caney 2005, p. 66）

では共通の人間性におけるいかなる特徴が、市民的・政治的自由の権利の正当化根拠となりうるのか。ケイニーが有力視するのは、すべての人びとが自分の福利増進への根本的な関心を有し、そうした根本的利益が市民的・政治的自由の権利によって保障されるという「福利基底的議論（well-being based arguments）」である（Caney 2005, pp. 74-77）。この議論が正しければ、市民的・政治的自由の権利を等しく尊重することを求める正義原理は、国境を超えて成立する

とみなければならない。もし当該原理の対象を同胞市民に限定することを擁護しうる有意な規範的根拠がないならば、福利増進の価値に則してグローバルに市民的・政治的自由の権利を保障しなければならないだろう。

そのことを明らかにすべくケイニーは、正義原理の適用を同胞市民に限定する規範的根拠としてよくとりあげられる特別義務（special duties）の観念に注目する。特別義務とは、特定の存在や関係性に準拠するもので、友人や家族への義務がその代表例である。言い換えれば、そうした特性を有さない存在や間柄には適用されない義務が特別義務である。問題は、万人の人権保障を謳う正義原理に関して、その特別義務の考え方が同胞市民のケースにも当てはまるのかどうか、である。ケイニーはそれに対し否定的な見方をとる。仮に特別義務が同胞市民との関係で生じうるとしても、それと分配的正義の原理が結びつくかは不分明である（むしろ別の正義もしくは規範に関わっている可能性が高い）。また、特別義務が人権保障を謳う正義の一般的義務を前提としないかどうかは明らかでないし、両者が矛盾するかどうかさえ明らかではない。このことからケイニーは、道徳的普遍主義を否定する有意な規範的根拠は見当たらないと結論づける（Caney 2005, pp. 269–270）。

以上をふまえてケイニーは、「正義の範囲に関する第二の議論（Scope 2）」を定式化する。

正義の範囲に関する第二の議論：分配的正義の原理の標準的な正当化は、分配的正義のコスモポリタン的原理が存在することを含意する。（Caney 2005, p. 107）

もしこの議論を受け入れないならば、誤謬推論に陥っているとケイニーは主張する。[7] では、ケイニーが正当化しうると考える分配的正義の原理とはどういうものか。まずケイニーは、われわれが理に適っているとして受容しうるかどうかは、正義原理を正当化するための独自の規準にはなりえないと考える。なぜなら、ロールズの議論に代表される契約論的議論は、道徳的人格の構想を先取りしないと成立しないからである。つまり、原初状態における推論は、そもそもまずもって正当化されるべき人格構想に依拠しているのだ（Caney 2005, pp. 67–68）。また、仮にその手続きが正しいとしても、先のドゥオーキンの批判にもあったように、格差原理の採択が原初状態の当事者にとって合理的であるかどうかは疑わしい（Caney 2005, p. 115）。

（7）ケイニーはこの誤謬推論を、サミュエル・ブラックに倣って「普遍主義を制約づけることの誤謬（the fallacy of restricted universalism）」と呼んでいる（Caney 2005, p. 107）。具体的にそれは、「諸個人の一定の普遍的特性を基礎に権利や請求権を割り当てる分配理論は、同時にそうした請求権の根拠を、一定の社会の個人のメンバーシップや地位に制約づけることはできない」という主張を背景にしたものである（Black 1991, p. 357）。

そこでケイニーが提起するのが、あらゆる道徳的恣意性を不正の源泉とみる運の平等論的な分配的正義の原理である。

二つの独立した相互作用システム〔＝社会〕から成る世界を考えてみよう。両者は互いに接触はないが、互いのことを知っている。一方は繁栄しているが、もう一方は極度に貧しい状態にある。さて能力やニーズの点でまったく同一の二人の——一人は繁栄したシステムにおり、もう一人は貧しいシステムにいる——個人を比べてみよう。繁栄したシステムの方の人間は、より多くのものを受け取っている。しかし、それが公正である理由を探るのは、権原へのいかなるありうべき理に適った基準を考えてみても難しい。仮定により、その人は〔もう一人の人間〕より勤勉であるわけでもなく、より才能があるわけでもなく、またより困窮しているわけでもない。すべての点で、両者はまったく同一なのである（一点だけ除いて、すなわち、一方は繁栄している社会に住む運のよい人であり、もう一人はそうではない）。にもかかわらず、〔関係主義的〕アプローチは、前者により多くの利益を供与する。……〔関係主義〕のスキームでは、権原を生み出すいかなる特性も捉えられないし、そのスキーム自体、人びとの権原のいくつかを否定して彼らを不公正に扱うものである。（Caney 2005, p.111〔括弧内引用者〕）

三　穏当なコスモポリタニズム——グローバル正義論の新たなる展開

これまでの議論をまとめよう。グローバル正義論には、国家主義とコスモポリタニズムという対立軸がある。国家主義は、リベラルな平等主義を基本理念とする分配的正義の構想が、政治文化に代表される濃密な関係性やそれによって可能となる制度を前提とする以上、国家の枠内に限定されるべきであるとする立場である。反対にコスモポリタニズムは、リベラルな平等主義を基本理念とする分配的正義の構想は、国境を超えて成立しうるとする立場である。そのなかでも、グローバルな相互依存の進展をふまえて社会的協働が国境を超えて成立しうることを主たる背景として、分配的正義が国家の枠組みを超えてグローバルにも成立しうると考えるのが関係主義的コスモポリタニズムである。それに対し、リベラルな平等主義を支える共通の人間性に基づく市民的・政治的自由の権利は、社会関係の有無に関係なく、端的に人権保障の観点からグローバルに適用されるとみるのが非関係主義的コスモポリタニズムである。

二〇〇〇年代のグローバル正義論における論争は、以上の対立図式を基調として「どの立場をとるべきか」をめぐる議論が中心であったと言えるだろう。ところが、二〇一〇年以降、その図式そのものを再検討し、新たな議論を展開するタイプのものが出てきている。その際、次の三つの論点が（暗黙裡に）提起されている。

第一に、分配的正義は正義の一種だが、それ以外の正義や正義とは異なる規範的価値・考慮も存在する以上、いずれの規範（的価値）がグローバルにより強い影響力を有し、そして関与するのか、という論点である。一例をあげると、コスモポリタニズムはもちろんのこと国家主義でさえも、人権や人道的価値に基づく援助義務を否定する立場にはない。それゆえ、どちらの立場をとるにせよ、どの規範がグローバルな規範体系にどのように関わってくるのかについての考察が不可欠である。

第二に、分配的正義の構想は、そもそも「関係主義か、それとも非関係主義か」といった一元的決着を求めるものなのか、という論点である。この論点は、そうした一元的決着ではなく、関係主義と非関係主義の立場それぞれから措定される規範的価値なり構想なりを多元的に配置する決着の仕方もあるのではないか、という問題提起を孕む。というのも、たとえば人権は非関係主義的に定位される一方で、関係主義的に見出される分配的正義の原理は国家の枠内で、あるいは特定の社会経済的イシューや領域でグローバルに成立するという見方もありうるからである。多元主義の考え方は、そうした見方が成立しうることを示唆する。

第三に、関係主義の立場を（部分的に）採用するにしても、政治文化や相互依存といった、今日では国家の枠内でもグローバルな局面でもみられる要素によって、分配的正義の構想は真に根拠づけられるのか、という論点である。そもそも特定の政治文化の共有が国家の枠内にとどまっているとは限らないし、相互依存は濃淡こそあれ、グローバルにも見受けられる（とくに経済的相互依存は、明らかに国家的枠組みを超えて浸透している）。だとすれば、国家主義やコスモポリタニズムのように、政治文化や相互依存といった要素を強調することで分配的正義が国家の枠内に限定されるとか、反対にグローバル大に拡大されるべきであるといった議論は成立しえないのではないか。

以上の論点をふまえて、穏当なコスモポリタニズムの立場を打ち出すのが、本書でも言及されているローラ・ヴァレンティーニとマティアス・リッセである。

（1）ヴァレンティーニの多元主義的コスモポリタニズム

ヴァレンティーニは関係主義を評価しつつも、それだけではグローバルな世界における規範体系は構築しえないとして、正義とそれ以外の価値——たとえば、人道的価値——に依拠した多元主義的コスモポリタニズムを提唱する。これまで確認した三つの論点に沿って確認すると、第一にヴァレンティーニによると、人間を等しく尊重すべきとするリベラルな平等主義は、正義に抵触する加害行為への是正措置はもちろんのこと、たとえば自然災害に遭った人たちへの人道支援をも求める。とはいえ、人道支援は支援する側に多大な犠牲を伴わない場合に限って道徳的に要請されるものであって、危害に対する補償を要請する正義の義務よりは厳正なものではない。なぜなら、「人道主義の義務は、正義の義務と異なり、権利との相関性がない」からである（Valentini 2011, p. 181）。それゆえヴァレンティーニは、リベラルな平等主義が要請する正義の義務と人道主義の義務のうち、前者、すなわち正義の義務をより厳正なものとして位置づけるのである（Valentini 2011, pp. 180–182）。

第二に、ヴァレンティーニは、場合によっては大量の資源移転を正義の義務として要請しかねない非関係主義よりも、関係主義に基づく分配的正義原理の方が理に適っていると評価する（Valentini 2011, chap. 3）。ヴァレンティーニによれば、特定の共同体意識や歴史的に培われた社会関係に依存する国家主義者は、秩序ある社会として自足的な国家のあり方を理想視し、秩序ある社会間で相互依存が進んでいること、そして、植民地政策等の負の歴史や大国による権力の濫用があるといった事実を見過ごしている（Vallentini 2011, pp.75–91）。

その一方で、関係主義的コスモポリタニズムは、グローバルな社会の基本構造が国内ベースの基本構造とは制度的にも慣行レベルでも違っていることを軽視している。しかもグローバルな基本構造ともなれば、その多様性はより先鋭的かつ深遠で、少なくともロールズ的な正義の二原理に代表されるような分配的正義の原理がそのままグローバルに適用しうるかどうかについては、ごく控えめに言っても未知数である（Valentini 2011, pp. 64–67）。それゆえヴァレンティーニは、関係主義の立場を表明するだけでは、複数の領域や多様な制度に対応しうる分配的正義の説明は不可能であるとし、分配的正義の諸原理は段階的かつ多元的に編成されるとする立場をとる。

第三にヴァレンティーニは、個人だろうが集合体（たとえば組織）だろうが、その自律的行為を制約する強制力の執行には正当化が欠かせない点に注目する。人びとの自由を制約し義務を賦課する正義には、その正当化根拠を提供する役割が期待される[8]。そこでヴァレンティーニ

（8）このとき自由の概念としてヴァレンティーニが想定しているのは、他者からの干渉・妨害により選択肢が奪われていないという意味での「消極的自由（negative freedom）」ではなく、他者の選択から独立して成立しうる行為主体性が担保されていれば自由であると考える「独立の自由（freedom as independence）」である。この自由は、ヴァレンティーニ自身も認めるように、恣意的な判断に基づく権力行使に左右されない状態に自由の道徳的意義を見出す、共和主義の伝統に則った「支配からの自由（freedom as non-domination）」に多くを負っている。だが、独立の自由概念の場合、恣意的な判断に基づく制約のみを自由の阻害要因と捉えない点に独自性がある。それゆえ、独立の自由の観点からすれば、正義に適った法制度も自由を制約づけるものとみなされる（支配からの自由の観点からすると、むしろそれは自由の条件である）。それにより明らかになるのは、自由への制約がすべての人にとって原則的に受容しうるものかどうかが重要になってくる点である。すなわち、独立の自由概念は正義と密接不可分なものとして位置づけられているのだ（Valentini 2011, pp. 156–164）。

は、まず強制（coercion）概念を分節化し、現実世界の強制性がどのような様相を呈しているのかを分析する。

一つは、相互作用的強制（interactional coercion）である。すなわち、特定の行為主体の行為が意図的なものでない場合にも、その行為によってもたらされる他者の自由に対する制約が予見可能だったり回避可能だったりするとき、そこには強制的関係が見出される。となれば、仮に当の行為の帰結が深刻な内容を伴う場合（たとえば基本的ニーズへのアクセスに制約がかかる場合）、その帰結に対し当の行為主体がどれだけの責任を有するかが問われる。レイオフを進める企業の最高責任者は、そうした責任を引き受けるべき行為主体（立場）の代表例である（Valentini 2011, pp. 130–132）。

もう一つは、システム的強制（systematic coercion）である。強制は、はっきりとした意図がない場合だけでなく、行為主体や組織の存在が不明確だったり、端的に存在しない場合にも成立しうる。たとえば、社会を統御する一連のルールであっても、当事者の自由を間接的に制約している。システム的強制は、そうした制約を示唆するものである。その観点からは、たとえば性差別主義的な社会慣行がまかり通っているコミュニティのように、その慣行がもたらす間接的制約が特定の人びと――この場合は女性――の自律を侵害するという重大な帰結を招く場合には、（積極的にか消極的にかは問わず）そうしたルールを支持している行為主体（組織）

やその受益者に、その責任が付される（Valentini 2011, pp. 137–139）。

これら二つの強制の理念型をふまえると、強制性は国境を超えてグローバルに偏在していると言えるだろう。とくにシステム的強制は、グローバルな社会経済秩序でよくみられる。ポッゲと同様ヴァレンティーニは、それが途上国の自律的な経済活動を阻害していると指摘し、その最大の受益者である先進国が率先して現行秩序の変革に着手すべきであると主張する。具体的には、現行秩序の維持に大きく関わっているＷＴＯやＩＭＦといった国際機関の改革に着手し、正義に適った、すなわち、正当化しうる強制的秩序へと段階的に変更する責任を先進国は負っていると考える（Valentini 2011, pp. 189–199）。

もっともヴァレンティーニは、市民の自由な権利を実際に保障する国家に適用されるのと同じ正義原理が、グローバルな範囲で適用されるという見方は間違っているとも考える。なぜなら、社会制度や文化の違いに代表されるバックグラウンドの多様性や複合性は、グローバルなレベルでは桁違いに異なり、国家の強制力と同等のものがグローバルなレベルで是認される可能性は、ほぼないと考えてよいからである（Valentini 2011, pp. 199–203）。

このようにヴァレンティーニは、強制を鍵概念として、関係主義をベースとはしつつも人道的価値に基づく積極的義務を含む多元主義的コスモポリタニズムを提唱している。

(2) リッセの多元論的国際主義

ヴァレンティーニと同様リッセも、多元主義の立場をとる穏当なコスモポリタンだが、より精緻な議論を展開している。ヴァレンティーニの議論を検討したときと同様、本節の冒頭で取りあげた三つの論点に沿って検討したい。第一の論点についてだが、リッセは、正義にまつわるすべての原理が、同じ適用範囲で成立するという一元論的見方をとらず、適用する領域やイシューによって異なる正義の義務――複数の正義原理――が成立しうるとする多元論的見方をとる。この見地から、国家の枠内に適用される分配的正義の原理のほかに、人権の理念とそれを支える共通の人間性――その一つの規範的源泉となるのが、人びとは地球の共同所有者(the common owners of the earth)であるというグロティウス由来の考え方――や、グローバルな経済秩序の根幹である貿易システムに適用される正義原理が提起される。

リッセの議論の根幹にあるのが、共通の人間性に裏打ちされる正義の根拠である。この根拠は、具体的には「ローカルな慣習や制度、文化、あるいは宗教によって変わらない道徳的権利」たる人権によって肉付けされ、すべての人に基本的ニーズを満たす生活を送る権利を保障することを謳う分配的正義の原理を支持するものとなる(Risse 2012, pp. 70-71)。この原理に従えば、分配的正義が成立していることの必要条件は、人権が保障される生活を送る機会や資源分配が国境を超えて各人に行きわたっていることになる。もっともこの原理は、後にみるように国家的枠組みで求められるような格差是正を謳うものではなく、人権の中身（そのリスト）も、基本的ニーズを満たす機会が保障される程度のもので、リベラルな国家が保障する政治的・市民的権利群よりも小さい集合になる。その一方でこの原理は、グローバルな社会経済の現状を考えると、グローバルな資源の厳正な再分配を要求する。この原理が指令する、対外的に求められる具体的義務としては、政治的権利の保護や経済成長を可能にする国内制度を構築するためのグローバルな援助義務があげられる（Risse 2012, pp. 77–80）。

この援助義務にどの程度の規範性が伴うかを考えるうえで無視できないのが、貿易に関する正義の検討である（Risse 2012, p. 264）。リッセは国際貿易に関する経験的知見をふまえ、次のような貿易の正義原理（正義の条件）を提示する。第一に、人権保障と国内制度の整備およびそのための社会経済的発展の見地から、途上国に対しては一定の保護貿易を許容し、先進国に対しては輸出補助金の中止を求めること。第二に、貿易の利益は、人びとを犠牲にして得られる利益が生じない場合に限り認められる、という条件である（Risse 2012, chap. 14）。ＷＴＯは、そうした正義の義務を先進国に課すことのできる実効的な国際組織に生まれ変わるべく、抜本的に改革されなければならない（Risse 2012, chap. 18）。

まとめると、リッセは共通の人間性に根拠を置く分配的正義の原理をベースとしながらも、さまざまな範囲やイシューにおいて正義の義務が形を変えて適用されるとしている。

順番が前後するが、第三の論点についてはどうだろうか。リッセは穏当なコスモポリタニズムを正当化する道筋として、国家主義の議論、すなわち、分配的正義の原理は国家を基盤としてのみ成立するという議論は成功しないと考える。その議論は複雑な経路をたどる。

まず、リッセは国家主義と同様、共有されるメンバーシップが分配的正義の一つの根拠になるとする。だが、共有されたメンバーシップの具体的な特徴に注目しなければならないとする点で、国家主義者と袂を分かつ。その特徴とは、第一に国家の法的・政治的影響力の直接性や広汎性、すなわち、即時的直接性（immediacy）、および、それと裏腹な関係にある強制性である。第二に、国家と市民の関係が互恵性、すなわち、自由かつ平等な市民による社会的協働によって国家（的枠組み）が成立する、という点である。リッセによれば、この二つの特徴は、ロールズの正義の二原理（に類するもの）を国家の枠内に適用する分配的正義の原理とするに十分な根拠を構成する。第一に社会の基本構造は、義務と負担を強制的に課す秩序を具体化するものである以上、国家の成員が参画する社会関係の浸透性と影響力という二つのファクターから成る即時的直接性を含意する。第二に、その構造を支える社会的協働は、まさに互恵性をベースにするものである。以上からリッセは、分配的正義は国家の枠内において十全に成立しうると考える（Risse 2012, chap. 2）。

しかしリッセが国家主義者と袂を分かつのは、強制性と互恵性の組み合わせを、あくまで分配的正義の原理が成立する十分条件ではあっても必要条件でないと捉える点である。理由は二つある。第一に、強制性の要件を欠く国家、たとえば、法の執行を可能にする手段が一時的に戦争（たとえばテロリストの攻撃）により失われたものの、それ以外は（若干の犯罪率や不法行為の割合の増加を除けば）さほど変わらない状態を想定してみよう。そうした状態で分配的正義が正当化されえないなどとどうして言えるだろうか[9]。

第二に、互恵性が成立しないと思しきところでも、分配的正義が求められる可能性についてもまったくもって否定できない。たとえば、法の執行力は失われていないものの、血液型がO型の者以外は、戦争で特殊な生物兵器が使用されて無気力になり、協働への参加意欲が著しく減退したケース――きわめて特異なケースだが――を想定してみよう。そうしたケースでも、O型の人間が分配的正義に従うことを放棄するのは、それにより彼らの境遇が一層悪化する可能性をふまえると望ましくないと判断されてもおかしくはない。となれば、分配的正義はより

(9) このリッセの思考実験は、アンドレア・サンジョヴァンニによって提起されたものである。ちなみにサンジョヴァンニは、自律性を侵害する私法や税法の強制性は、その権原の配分パターンが最も不利益を被る人間が（仮想的に）合意しうる原理に裏打ちされたものでなければ正当化されないとするマイケル・ブレイクの議論（Blake 2002, pp. 279–285）を批判して、当該ケース（思考実験）を提起している（Sangiovanni 2007, pp. 10–13）。

弱い条件（によって構成される根拠）でも成立しうると言える（実際リッセは、分配的正義の成立基盤として、共通の人間性をあげている点を思い起こして欲しい）。強制性と互恵性によって特徴づけられるメンバーシップの共有は、正義の二原理のような特定の範囲、すなわち、国家の枠内で成立する分配的正義原理の根拠とはなりえても、それが分配的正義全般にとっての唯一の根拠とはならない。こうして諸々の正義原理が、それぞれの根拠と範囲に応じて成立しうる多元論的国際主義の道筋が示される（Risse 2012, pp. 41–53）。

　それではリッセは、関係主義と非関係主義をめぐる第二の論点に対し、どのような立場をとるのだろうか。これまでの議論からも明らかなように、多元論的国際主義は、正義に関する根拠のなかでも（共通の人間性から直接得られる根拠のように）非関係主義的なものと、（強制性と互恵性をベースとした）関係主義的なものとがあることを認める。このことは、グローバルな正義における関係主義と非関係主義の多元的編成を示唆する。それゆえリッセは、関係主義的コスモポリタニズムと非関係主義的コスモポリタニズムのどちらも、グローバルな分配的正義に関する一面的な見方であるとして斥ける。

　まず、グローバルな相互依存関係をふまえて、分配的正義の原理がグローバルにも適用しうるとするベイツの関係主義的コスモポリタニズムに対しては、次のように批判する。国家と市民の関係を特徴づける即時的直接性や互恵性に基づく社会関係は、グローバルな社会経済秩序が示すものとは大きく異なる。両者の違いはグローバルな分配的正義の非理想理論的な意味での実現困難性に還元できる話ではない。リッセによれば、両者の違いは、理想理論において適用しうる正義原理の違いを正当化するほどの違いを含意する（Risse 2012, pp. 54-61）。

次にリッセは、共通の人間性という道徳的特性に基づくなら正義の範囲に関する第二の議論を覆せないと主張するケイニーに対して、次のように批判する。先にみたようにケイニーは、道徳的に恣意的な要素を可能な限り排除すべきとする運の平等論こそが、共通の人間性のみから正当に導き出されうる分配的正義の原理であると位置づける。しかし第一に、道徳的な観点からみて恣意的な影響に値しないという消極的主張から、何かを人に付与すべき、ないし保障すべきという積極的主張を導けるとする議論には飛躍がある。すなわち論理的には、自然的運（の影響）を排除するというだけでは、人びとに市民的・政治的自由の権利を等しく保障するとの主張を根拠づけることはできない。第二に、そもそも道徳的恣意性の可能な限りの排除は、関係主義的なロールズの正義原理、とくに格差原理によっても、かなりの程度実現する。さらに、仮にケイニーの推論が正しいとみなしたとしても、多元論的国際主義の観点からすれば、人権に基づく原理以外にも、さまざまな権利の保障を求める社会関係（強制性と互恵性によって特徴づけられる社会関係）をふまえた原理の存在は否定されない。そもそもそうした関係性なくしては、市民的・政治的自由の権利の等しい保障は担保されえないように思われる（Risse

2012, pp. 83-84)。

以上からリッセは、強制性と互恵性の組み合わせを十分条件とする国家主義的な分配的正義の構想と、共通の人間性から導き出される人権を拠り所としたグローバルな分配的正義の構想を多元的に編成する立場、すなわち、多元論的国際主義が最も説得力のあるグローバル正義論であると結論づける。

四　穏当なコスモポリタニズムの批判的検討と本書の意義

ここで改めて穏当なコスモポリタニズムの議論を確認しよう。第一に、ヴァレンティーニにしてもリッセにしても、リベラルな平等主義ないし共通の人間性をベースとする人権を拠り所とした規範をグローバルな規範体系の根幹に据える。第二に、正義には関係主義と非関係主義の両面があり、ゆえに彼らは正義が（一定の傾向性を有するものの）国家的枠組みとグローバルな局面の双方に関わってくると考える。第三に、政治文化や相互依存関係という国家的枠組みでもグローバルな局面でもみられる特徴ではなく、強制性（とリッセの場合、それに加えて互恵性）を軸に分配的正義の（一つの構想の）成立条件を構成する必要があると考える。このように、さまざまな正義の原理や義務が国内・グローバル問わず分配的正義に関わっているとみる穏当な見方が、ヴァレンティーニやリッセによって打ち出されている。

しかし、穏当なコスモポリタニズムには課題がある。第一にヴァレンティーニ、リッセの議論では、多元主義的に構成される正義（や人道主義的道徳）の諸原理が原理としてどのような特性をもち、いかなる役回りを演じるのかについて、十全に明らかになっていない。実際彼らの議論では、それぞれの原理が相互に矛盾・対立する義務を課す場合、国家の枠内に適用される正義の二原理に類するものから成る原理が優位するのか、それともグローバルに適用される人道的（正義）原理が優位するのかは明らかではない。加害是正を求める正義の義務を人道的義務よりも厳正なものと位置づけるヴァレンティーニの議論でさえ、正義の義務と人道的義務が国家的枠組みにもグローバルにも関わっていることをふまえると、国家的枠組みとグローバルに適用される正義のどちらが優先されるのかは不分明である。となれば穏当なコスモポリタニズムは、アドホックな原理適用を許容せざるをえないのではないか。そうした事態に陥るのを避けるべく、最低限の原理間衝突を織り込んだメタルール（に相当するもの）が必要だと思われるが、管見の限り、二人の議論からはその展望さえも窺い知ることはできない。

第二に、強制性にしてもそれと互恵性との組み合わせにしても、それらが国家の枠内に適用される正義原理が有する規範性の相対的強さを示していると言えるかは定かではない。そもそも、国家的枠組みとグローバルな枠組みとの間で強制性（と互恵性の組み合わせ）の有無や強弱という点で有意な差があるとしたら、国家的枠組み同士でも有意な差を見出しうるのではないか。実際、強制性がない、あるいは弱い、非互恵的な国家とそれに定位される非分配的な正義のあり方については、リバタリアンやアナーキストらがさまざまな思考実験を駆使して議論してきた（Nozick 1974; Huemer 2013）。とくにリッセの場合、そもそも思考実験に全面的に依拠しながら、強制性と互恵性は分配的正義を成立させるための必要条件とはみなしえないとする議論を展開している以上、そうしたリバタリアン＝アナーキスト的議論を無視することはできないはずだ。しかも、それを単なる論理的可能性として軽視しえないのは、現にそうした国家を構築する試みも見受けられるからである(10)。

重要なのは、こうした強制性がない、あるいは弱い、非互恵的な特徴を有する国家的枠組みが、穏当なコスモポリタニズムが支持する国内的正義のあり方とは違う正義のあり方を提起しうる点である。ところが、ヴァレンティーニ、リッセともにそうした可能性には目をつぶっている。逆に、国家的枠組みの多様な可能性に目をつぶるからこそ、国家とグローバルな秩序の多元的枠組みを垂直的に構成できると安易に想定してしまうのではないだろうか。

第三の点は、ヴァレンティーニ、リッセの議論が、経験的知見の真理に大きく依拠していることに関わっている。彼らの議論における経験的知見への不可避の依存は、穏当なコスモポリタニズムの規範性がどのように担保されるのか、という根本的問題を提起する。国家的枠組みとグローバルな枠組みの間にどれほどの有意な差が見出しうるのかという点や、グローバルな経済秩序がどれだけの不利益を途上国に与えているか、そして国際組織・機関がグローバルな秩序の維持にどれだけ貢献しているのか、さらには先進国がその主導権をどれだけ握っているのかは、経験的な裏付け次第で変わってくる。ヴァレンティーニ、リッセともに、そうした知見をふまえた議論を展開しており（たとえば、貿易の正義をめぐる議論）、それが彼らの議論のまさに穏当性を特徴付けるものとなっている。だがそのことは、経験的知見の真理が、穏当なコスモポリタニズムの議論に（規範理論的観点からとはいえ）大きく関与していることの裏返しでもある。となれば、その主張の具体的内容が今後、経験的な知見次第で大きく変わることを認めざるをえないが、果たしてそれでよいのだろうか。

この第三の論点は、本書の目論見とも関わっている。本書には、穏当なコスモポリタニズムと同様、実証的な研究と切り離してその主張を支えることは不可能であるというモチーフがあ

(10) たとえば、セルビアとクロアチアの国境地帯にある七平方キロメートル範囲の無主地で、無税国家を謳う「リベルランド自由共和国」をつくる試みが、世界中からSNSを通じて注目を集めている。「理想の国か、それとも妄想か？ 世界で一番新しい〝国家〟『リベルランド』ってどんなとこ?.」『COURRiER Japon』二〇一五年一一月号、を参照のこと。

る（だからこそ、ヴァレンティーニとリッセへの好意的言及があるのだろう）。たとえば著者のドゥリュ＝ベラは、メンバーシップの共有が激しい競争や格差によって脅かされる社会心理的モメントを強調する。さらには、国内だけでなく国境を超えて見受けられる相対的格差、すなわち「グローバル・ヴィレッジ」の相対的格差が、資源の制約や気候変動の影響の受けやすさと深く関わっており、とくに貧しい人（国）がそうした制約や悪影響による被害を大きく被っている現状を重く受け止める。実際、天災の被害が大きいのは途上国であり、先進国のなかでも貧しい人びとであることは、すでに実証的に明らかになっている。以上をふまえたうえで移民や不正取引の問題、そしてテロリズムを捉え直すと、国家主義者がグローバルな規範として位置づける人権保護（に基づく援助義務）だけでは、不十分な対応にしかならないことがわかる。

本書で強調されているのは、そうしたことを経済学・社会学の知見が経験的かつ客観的に教えてくれる、ということである。ちなみにドゥリュ＝ベラのアプローチは、穏当なコスモポリタニズム以上にセンの正義論に親近性をもっているように思われる。先に確認したように、センは民主的討議によって誰もが好ましくないとする不正義な事態を措定し、その解消・撲滅を図ることこそ正義論の役割であるとする議論を展開している。ドゥリュ＝ベラは、社会心理的にもそしてエコロジカルにもグローバルに問われてくる相対的格差の問題を、広く不正義の問題として捉える視点、および、その解決を図る不断の試みを求める。こうしてみると本書は、不正な事態をそうでない事態よりも好ましくないとするセンの比較に基づくアプローチを、経験的知見によって補強しようとする試みとして評価しうるだろう。

その成否は読者に委ねたいが、一つ言えることは、穏当なコスモポリタニズムにしても本書によって補強されたセンの正義論にしても、それぞれの主張内容が経験的知見の真理に大きく左右されるという点である。このことが示唆するのは、グローバル正義論と経験科学の接合の是非も含めた批判的検討の必要性である。この解題は、そのさらなる検討のための覚書である。

文献

Arneson, Richard J.（1989）"Equality and Equal Opportunity for Welfare." *Philosophical Studies* 56: 77–93.

――――（1990）"Liberalism, Distributive Subjectivism, and Equal Opportunity for Welfare." *Philosophy & Public Affairs* 19: 158–194.

Beitz, Charles R.（1979）*Political Theory and International Relations*. Princeton, NJ: Princeton University Press.（進藤榮一訳『国際秩序と正義』岩波書店、一九八九年）

Black, Samuel (1991) "Individualism at an Impasse." *Canadian Journal of Philosophy* 21: 347–377.

Blake, Michael (2002) "Distributive Justice, State Coercion, and Autonomy." *Philosophy & Public Affairs* 30: 257–296.

Campbell, Tom (2007) "Poverty as a Violation of Human Rights." In Thomas Pogge (ed.) *Freedom from Poverty as a Human Right: Who Owes What to the Very Poor?* Oxford: Oxford University Press.

Caney, Simon (2005) *Justice Beyond Borders: A Global Political Theory*. New York: Oxford University Press.

Cohen, G. A. (1989) "On the Currency of Egalitarian Justice." *Ethics* 99: 906–944.

——— (2000) *If You're an Egalitarian, How Come You're So Rich?* Cambridge, MA: Harvard University Press.（渡辺雅男・佐山圭司訳『あなたが平等主義者なら、どうしてそんなにお金持ちなのですか』こぶし書房、二〇〇六年）

Dworkin, Ronald (2000) *Sovereign Virtue: The Theory and Practice of Equality*. Cambridge, MA: Harvard University Press.（小林公・大江洋・高橋秀治・高橋文彦訳『平等とは何か』木鐸社、二〇〇二年）

Freeman, Samuel (2007) *Justice and the Social Contract: Essays on Rawlsian Political Philosophy*. Oxford University Press.

Huemer, Michael (2013) *The Problem of Political Authority: An Examination of the Right to Coerce and the Duty to Obey*. New York: Palgrave Macmillan.

Inoue, Akira（2016）“Can Luck Egalitarianism Serve as a Basis for Distributive Justice? A Critique of Kok-Chor Tan's Institutional Luck Egalitarianism.” *Law and Philosophy* 35: 391–414

Kymlicka, Will（2002）*Contemporary Political Philosophy: An Introduction*, 2nd Edition. New York: Oxford University Press.（千葉眞・岡崎晴輝ほか訳『新版　現代政治理論』日本経済評論社、二〇〇五年）

Miller, David（2007）*National Responsibility and Global Justice*. Oxford: Oxford University Press.（富沢克・伊藤恭彦・長谷川一年・施光恒・竹島博之訳『国際正義とは何か——グローバル化とネーションとしての責任』風行社、二〇一一年）

Nagel, Thomas（2005）“The Problem of Global Justice.” *Philosophy & Public Affairs* 33: 113–147.

Nozick, Robert（1974）*Anarchy, State, and Utopia*, Blackwell.（嶋津格訳『アナーキー・国家・ユートピア——国家の正当性とその限界』木鐸社、一九九五年）

Pogge, Thomas（2008）*World Poverty and Human Rights*. 2nd ed. Cambridge: Polity Press.（立岩真也監訳『なぜ遠くの貧しい人への義務があるのか——世界的貧困と人権』生活書院、二〇一〇年）

Rawls, John（1971）*A Theory of Justice*. Cambridge, MA: Belknap Press of Harvard University Press.（川本隆史・福間聡・神島裕子訳『正義論　改訂版』紀伊國屋書店、二〇一〇年）

———（1993）*Political Liberalism*. New York: Columbia University Press.

———（1999）*The Law of Peoples*. Cambridge, MA: Harvard University Press.（中山竜一訳『万民の法』岩波書店、二〇〇六年）

——（2001）*Justice as Fairness: A Restatement*. Edited by Erin Kelly. Cambridge, MA: Belknap Press of Harvard University Press.（田中成明・亀本洋・平井亮輔訳『公正としての正義　再説』岩波書店、二〇〇四年）

Risse, Mathias（2012）*On Global Justice*. Princeton, NJ: Princeton University Press.

Sangiovanni, Andrea（2007）"Global Justice, Reciprocity, and the State." *Philosophy & Public Affairs* 35: 3–39.

Sen, Amartya（1992）*Inequality Reexamined*. Cambridge, MA: Harvard University Press.（池本幸生・野上裕生・佐藤仁訳『不平等の再検討——潜在能力と自由』岩波書店、一九九九年）

——（2009）*The Idea of Justice*. Cambridge, MA: Belknap Press of Harvard University Press.（池本幸生訳『正義のアイデア』明石書店、二〇一一年）

Simmons, A. John（2010）"Ideal and Nonideal Theory." *Philosophy & Public Affairs* 38: 5–36.

Tan, Kok-Chor（2010）"Rights, Harm, and Institutions." In Alison M. Jaggar（ed.）*Thomas Pogge and His Critcs*. Cambridge: Polity Press.

Valentini, Laura（2011）*Justice in a Globalized World: A Normative Framework*. New York: Oxford University Press.

井上彰（二〇一五）「運の平等論とカタストロフィ」『立命館言語文化研究』第二六巻四号、二三一〜二四七頁

——（二〇一六）「運の平等と個人の責任」宮本太郎・橘木俊詔（監修）後藤玲子（編著）『正義』ミネルヴァ書房

井上達夫（二〇一二）『世界正義論』筑摩書房
上原賢司（二〇一一）「グローバルな正義の義務と非遵守」宇野重規・井上彰・山崎望編『実践する政治哲学』ナカニシヤ出版
瀧川裕英（二〇一四）「正義の宇宙主義から見た地球の正義」宇佐美誠編『グローバルな正義』勁草書房
若松良樹（二〇〇三）『センの正義論――効用と権利の間で』勁草書房

※本解題はＪＳＰＳ科研費15K02022、26285002、および16K13313による研究成果の一部である。なお、二〇一六年九月一四日に東北大学法学研究科政治研究会にて、本解題の草稿を報告した。その際に有意義な質問およびコメントをくださった出席者のみなさんに、ここに記して感謝申し上げたい。

訳者あとがき

本書は、二〇一四年一月にフランスのスイユ社の選書シリーズ「La République des idées」から出版された « Pour une planète équitable » の全訳である。タイトルを直訳すると『公正な世界のために』という意味になる。すでに六〇冊ほど刊行されているこのシリーズでは、社会科学の各分野のトップクラスの研究者が、一般向けのエッセイを書き下ろしている。

一九五〇年生まれの著者マリー・ドゥリュ＝ベラは、フランスのエリート校パリ政治学院の名誉教授だ。ドゥリュ＝ベラのおもな研究テーマは、女子生徒が理系に進む際の中学校の役割、男女共学という学校の機能分析、教育制度の国際比較、格差を是認する理論に対する批判、そして本書のテーマである環境問題を組み合わせた世界正義などである。

ドゥリュ＝ベラは、二〇〇六年にこのシリーズから『フランスの学歴インフレと格差社会』（林昌宏訳、明石書店、二〇〇七年）を刊行した。格差を是認する理論（能力主義）に対する批判の書であるこの本は、朝日新聞で書評されたこともあり、日本でも大きな反響があった。

この本の内容を簡単に紹介する。

フランスでは、能力主義を円滑に機能させるために、学校による承認、すなわち学歴に大きな影響力をもたせようという風潮がある。だが、はたしてこのやり方によって、世代を超えた格差の固定化を是正できるのだろうか、というのがこの本の問いだ。

日本と同様に、フランスも戦後から一貫して教育を拡充させてきたが、これまで世代を超えた格差の固定化の解消に教育の拡充が寄与した割合は、一般に考えられているより小さく、その主因は農村社会から工業社会への移行という、社会構造の変化だったことが明らかになった。ドゥリュ＝ベラは、教育の拡充は世代を超えた格差の固定化の解消にあまり寄与せず、学歴という能力主義がそうした格差を是正すると考えるのは幻想だと説く。それにはおもに三つの理由がある。

一つめは、学歴が社会的に非常に不平等に分配されることだ。すなわち、親の経済力と子どもの学力との間には相関関係があるのだ。日本でも東京大学の合格者は、中高一貫の私立学校の出身者が多数を占め、東大生の親の年収は全国平均を大きく上回っているという。東大の入学式は、有名私立高校の同窓会のような雰囲気だ。

二つめは、学位の価値の変化に関する問題だ。労働市場に参入する学位保有者の人数は増え続ける一方で、その受け皿になる雇用数はあまり変わらないため、学位の価値は低下する。すなわち、学歴インフレだ。日本でも修士課程や博士課程を経た学生が就職難に陥る「大学院バブル」はおなじみである。ところが、すべての学位の価値が一律に下がるのではない。個人の能力とは関係のないところで、職種間の報酬格差が広がっているのだ。

三つめは、就職の際には学歴だけでなく、性別や人種などが大きく影響することだ。学歴がモノをいう社会にするには、それらの影響を遮断し、労働市場が学歴というシグナルに確実に反応しなければならない。だが当然ながら、職業に要求される能力と学歴は、必ずしも一致しない。

ようするに、学校という機能だけで生徒が背負う社会的な不平等を取り除くのは不可能なのだ。教育の背後にある格差を解消させない限り、世代を超えた格差の固定化は避けられず、社会的に似た者同士ばかりが集うようになる。それは間違いなく息苦しい社会だろう。ぜひ『フランスの学歴インフレと格差社会』も手に取ってみてほしい。

本書のテーマは、世界正義だ。今日、国内の枠組みだけで正義を考察できると考える者はいないだろう。たとえば、貿易、現地生産などの多国籍企業による世界的な分業体制、天然資源の開発や分配、国際金融市場、タックスヘイヴン、大量の移民、国際的なテロ事件、大規模な自然災害、戦争や紛争などでは、社会契約を結んでいない相手、つまり、外国人や国外の企業および組織に対しても、正義を考察しなければならない。そのとき、世界正義という概念が明確でなければ正しい判断は下せない。世界正義が、偏狭なナショナリズムや経済および政治の力だけで決まるようなことがあってはならないのだ。

立命館大学大学院先端総合学術研究科の井上彰先生には、正義を基礎から解説していただいた。正義の定義ともいえる正義の規範理論はたしかに難解だが、井上先生の解題により、読者は自分自身で正義をさらに深く考察できるようになるはずだ。正義という理想がなければ、不正義がはびこる現実は絶対に変化しない。ポピュリズムという内向きで風見鶏的な正義が大きな支持を得る時代において、さまざまな正義を構想し、それらの見取り図を作成して比較検討することが正義論の第一歩だ。

二〇一六年一二月

林　昌宏

(Fitoussi, Jean=Paul)　103, 114, 132
フリーマン，サミュエル（Freeman, Samuel）　151
ブルギニョン，フランソワ（Bourguignon, François）　21, 22, 24, 25
ベイツ，チャールズ（Beitz, Charles）　48, 58, 159, 161, 162, 178
ポッゲ，トーマス（Pogge, Thomas）　26, 31, 37, 48, 57, 65, 67, 123, 157-159, 173

【マ行】

マルクス，カール（Marx, Karl）　79
ミシャイロフ，セルジュ（Michailf, Serge）　109
ミラー，デイヴィッド（Miller, David）　44, 156, 159, 160
ミラノヴィッチ，ブランコ（Milanovic, Branko）　18-21, 36, 50, 82, 83, 126
メーレンドルフ，ダレル（Moellendorf, Darrel）　57
メストラム，フランシーヌ（Mestrum, Francine）　26

【ラ行】

ラレール，カトリーヌ（Larrère, Catherine）　9
リッセ，マティアス（Risse, Mathias）　58, 60, 61, 64, 169, 174-176, 178-184
ルイス，アーサー（Lewis, Arthur）　85
レイ，オリヴィエ（Ray, Olivier）　100, 117
レイヤード，リチャード（Layard, Richard）　80
ローラン，エロワ（Laurent, Éloi）　103, 114, 132
ロールズ，ジョン（Rawls, John）　42-44, 47, 48, 51-53, 56, 60, 63, 71, 72, 85, 124, 139-151, 153-156, 159-161, 165, 176, 179

主要人名索引

【ア行】

アーネソン，リチャード（Arneson, Richard J.）　147
ヴァレンティーニ，ローラ（Valentini, Laura）　58-60, 64, 169-174, 180-184
ヴァン　パレース，フィリップ（van Parijs, Philippe）　48
ウィルキンソン，リチャード（Wilkinson, Richard）　75, 76, 78, 79
オストロム，エリノア（Ostrom, Elinor）　103

【カ行】

カント，イマヌエル（Kant, Immanuel）　125, 126
キムリッカ，ウィル（Kymlicka, Will）　140
ギャドレ，ジャン（Gadrey, Jean）　75
キング，マーティン・ルーサー（King, Martin Luther）　8
ケイニー，サイモン（Caney, Simon）　48, 55, 162-166, 179
コーエン，ジェラルド（Cohen, Gerard）　125, 146, 147

【サ行】

シンガー，ピーター（Singer, Peter）　125, 126
スティグリッツ，ジョゼフ（Stiglitz, Joseph）　26, 31, 37, 86, 87
スミス，アダム（Smith, Adam）　79
セヴェリーノ，ジャン＝ミッシェル（Sévérino , Jean=Michel）　100, 109, 117
セン，アマルティア（Sen, Amartya）　13, 15, 33, 36, 48, 108, 112, 117, 119, 125, 131, 132, 145, 147-150, 185

【タ行】

ドゥオーキン，ロナルド（Dworkin, Ronald）　140, 146, 165
トービン，ジェームズ（Tobin, James）　123
トクヴィル，アレクシ・ド（Tocqueville, Alexis de）　76

【ナ行】

ヌスバウム，マーサ（Nussbaum, Martha）　112
ネーゲル，トマス（Nagel, Thomas）　44, 156

【ハ行】

ハーディン，ギャレット（Hardin, Garrett）　103
フィトゥシ，ジャン＝ポール

著者

マリー・ドゥリュ＝ベラ（Marie Duru-Bellat）

1950年生まれ。パリ政治学院名誉教授。専門は、社会学（とくに教育と社会階層）。

著書に、*Les inégalités sociales à l'école : Genèse et mythes,* Paris, PUF, 2002；*L'inflation scolaire: Les désillusions de la méritocratie*, Paris, Seuil, 2006（『フランスの学歴インフレと格差社会——能力主義という幻想』林昌宏訳、明石書店、2007年）など。

訳者

林　昌宏（はやし・まさひろ）

1965年生まれ。立命館大学経済学部卒業。翻訳家として多くの話題作を提供。

訳書に、ボリス・シリュルニク『憎むのでもなく、許すのでもなく——ユダヤ人一斉検挙の夜』、同『心のレジリエンス——物語としての告白』（ともに吉田書店、2014）、ジャック・アタリ『アタリ文明論講義——未来は予測できるか』（ちくま学芸文庫、2016）、同『21世紀の歴史』（作品社、2008）など多数。

解題執筆者

井上　彰（いのうえ・あきら）

1975年生まれ。立命館大学大学院先端総合学術研究科准教授。

東京大学大学院総合文化研究科国際社会科学専攻博士課程単位取得退学、オーストラリア国立大学大学院社会科学研究校哲学科博士課程修了、PhD（Philosophy）。

著書に、『正義・平等・責任——平等主義的正義論の新たなる展開』（岩波書店、2017年近刊）、『政治理論とは何か』（共編著、風行社、2014年）、『実践する政治哲学』（共編著、ナカニシヤ出版、2012年）など。

世界正義の時代
格差削減をあきらめない

2017年3月15日　初版第1刷発行

著　者　マリー・ドゥリュ＝ベラ
訳　者　林　昌宏
発行者　吉田真也
発行所　合同会社 吉田書店
102-0072　東京都千代田区飯田橋 2-9-6 東西館ビル本館 32
TEL：03-6272-9172　FAX：03-6272-9173
http://www.yoshidapublishing.com/

装丁　折原カズヒロ　　印刷・製本　モリモト印刷株式会社
DTP　閏月社
定価はカバーに表示してあります。

ISBN978-4-905497-46-2